Los 5 Dones para el Liderazgo

Manifestando la Plenitud de Cristo
en Su Iglesia.

José Reina

CATEGORÍA: Ministerio Cristiano

Impreso en los Estados Unidos de América

ISBN-10: 1-64081-031-5

ISBN-13: 978-1-64081-031-0

:

Índice

Prólogo

Por muchos años en la historia de la iglesia la teología ha marcado el rumbo hacia "una teología de la incredulidad". Sí, reconozco que parece un tanto contradictorio el concepto.

Recuerdo que cuando estaba en el seminario un buen día logre darme cuenta que de tanto estudiar materias, la Biblia se había convertido simplemente en uno más de los tantos libros que tenía que consultar para terminar las tareas.

Dios fue bueno al llevarme a comprender que mi estudio me llenaba de mucha información mental, pero había descuidado el guardar la fe como la de un niño. Me refiero a esa fe sencilla pero que cree y espera milagros; y sí, también la que puede mover montañas.

Decidí luego de terminado el seminario y las materias del curso final, volver a leer la Biblia como al principio. - de rodillas y con un intenso deseo de escuchar nuevamente la voz del Padre hablando a mi corazón.

Creo que lo que me pasó personalmente, es lo que sucede en la iglesia donde podemos estar asistiendo y sirviendo cualquiera de nosotros. Estamos tan acostumbrados a la rutina que oramos pero en el fondo de nuestro corazón "no creemos" que nada vaya a pasar. Es triste pensar que la iglesia haya hecho de la Biblia "el libro de historias para contar los domingos" - simplemente eso.

En estos días asistimos con preocupación a cierta clase de enseñanza que insiste en negar lo sobrenatural, como si Dios estuviera retirado. Si sacamos lo sobrenatural es porque no creemos que el Espíritu Santo está presente. Si esto fuese así mejor sería cerrar la iglesia. Nada tiene sentido si el Espíritu Santo no es el mismo, si Jesucristo no es el mismo, si el Padre no es el mismo, si la Biblia no es vigente hoy, si Sus palabras no son espíritu y vida, si cada ministerio no arde en el fuego del Espíritu Santo.

Esta tendencia es la que también niega los dones que Cristo ha otorgado a la iglesia: los dones ministeriales a través de los cuales la plenitud de Cristo se manifiesta a la iglesia, también llamados los dones gubernamentales de la iglesia.

En este libro les denomino los cinco dones para el liderazgo. Porque claramente cada uno de estos ministerios es llevado a cabo por un líder dentro del cuerpo de Cristo. Es vital su comprensión. De ello depende que la iglesia se mueva en una nueva ola de poder manifestando Su gloria.

Gracias al Señor, a través de los siglos, estas enseñanzas teológicas "contrapuestas" no han podido evitar que la iglesia continué operando en el poder del Espíritu que levantó a Cristo de entre los muertos.

Hoy, los que hemos creído, continuamos experimentado la gloria de Dios en la iglesia. Experimentando la realidad que nos describe el apóstol San Pablo:

"Toda la plenitud de la divinidad habita en forma corporal en Cristo; y en él, que es la cabeza de todo poder y autoridad, ustedes han recibido esa plenitud." Colosenses 2: 9, 10.

Siempre me ha llamado la atención semejante misterio. Lo cual no evita que sea una verdadera realidad. Su plenitud habita en nosotros, habita en la iglesia como cuerpo y Él ha querido, además, manifestar esa plenitud en los ministerios que otorga a Su pueblo. ¡Gracias Señor por Tu don inefable!

Introducción

"Él mismo constituyó a unos, apóstoles; a otros, profetas; a otros, evangelistas; y a otros, pastores y maestros."
Efesios 4:11

Los dones ministeriales son la provisión de Cristo para Su iglesia.

En cada aspecto de Su plan divino Dios siempre nos sorprende con la generosidad de Su gracia. Tal es el caso con los cinco dones del ministerio que nos ocupa y que se desarrollan en el capítulo 4 de Efesios.

Todo el contexto está relacionado con el verso 11, que viene a ser el texto central de esta enseñanza. A pesar de que muchos enseñan que algunos de estos cinco dones han terminado su vigencia en el siglo I, esta no parece ser la realidad que nos muestra el contenido del Nuevo Testamento.

Lo cierto es que no tiene mucho sentido aducir que ministerios como el de evangelista, pastor y maestro, si están vigentes. ¿Por qué no los de apóstoles y maestros? No es bueno hacer retazos válidos y otros inválidos de la verdad de este capítulo que se nos presenta como una tela nueva y de una sola pieza.

Simplemente afirmamos que no hay respaldo bíblico para la enseñanza de que el ministerio de apóstoles y profetas cesara de alguna manera al concluir el primer siglo de la iglesia. Hoy más que nunca es necesario volver a recuperar la vigencia de todos los ministerios novo-testamentarios. Si la iglesia ha de ser viva y poderosa en señales y maravillas esta renovación ministerial es urgente.

El modelo de la iglesia de los Hechos de los Apóstoles sigue vigente. Pablo lo entendió y así lo enseñó. Hoy la iglesia tiene el deber de avanzar con firmeza declarando a cada paso que: *"Jesucristo es el mismo ayer y hoy y por los siglos."* Hebreos 13:8.

Claro que no me refiero aquí a cometer el error de encumbrar a un ministerio sobre otro. O a sumarnos a algunas "modas ministeriales". Todo ministerio es importante en el cuerpo de Cristo donde la única cabeza es Cristo. Atendiendo a esto leemos:

"Pero a cada uno de nosotros se nos ha dado gracia en la medida en que Cristo ha repartido los dones. Por esto dice: «Cuando ascendió a lo alto, se llevó consigo a los cautivos y dio dones a los hombres»." Efesios 4: 7, 8.

El mismo Señor Jesucristo es quien dio los dones del ministerio. ¿Cuándo los dio? El relato nos recuerda que, luego de morir por nuestros pecados en la cruz, nuestro Señor ascendió a lo alto para sentarse a la diestra del Padre (Hechos 1:9-11). El relato de Pablo es verdaderamente impactante:

"Ese poder es la fuerza grandiosa y eficaz que Dios ejerció en Cristo cuando lo resucitó de entre los muertos y lo sentó a su derecha en las regiones celestiales, muy por encima de todo gobierno y autoridad, poder y dominio, y de cualquier otro nombre que se invoque, no solo en este mundo, sino también en el venidero. Dios sometió todas las cosas al dominio de Cristo, y lo dio como cabeza de todo a la iglesia. Esta, que es su cuerpo, es la plenitud de aquel que lo llena todo por completo." Efesios 1:19b-23.

Allí en medio de toda Su plenitud y Su gloria otorgó dones ministeriales- dones de liderazgo a Su iglesia. El otorgó, como una extensión de Su plenitud misma, los dones a Su cuerpo. Así que estos dones del ministerio vienen directamente de la mano del Cristo exaltado y con plena autoridad.

"Él mismo constituyó a unos, apóstoles; a otros, profetas; a otros, evangelistas; y a otros, pastores y maestros." Efesios 4:11

Por supuesto que nos plantearemos: ¿para que dio los dones del ministerio? Enseguida Pablo nos responde con su habitual claridad:

"...a fin de capacitar al pueblo de Dios para la obra de servicio, para edificar el cuerpo de Cristo. De este modo, todos llegaremos a la unidad de la fe y del conocimiento del Hijo de Dios, a una humanidad perfecta que se conforme a la plena estatura de Cristo." Efesios 4:12, 13.

Como podemos apreciar, esto describe una tarea de ajuste y preparación completa que significa un proceso que conduce a la consumación. Es decir, la capacitación de cada miembro. Si uno de los propósitos por los cuales los dones del ministerio fueron dados es para capacitar al pueblo de Dios, ¿podrán ellos alcanzar la madurez sin esos dones? Sin duda que no.

Observemos la meta que quiere alcanzar esta capacitación a través de los dones ministeriales:

- Para la obra de servicio;

- Para edificar el cuerpo de Cristo. El proceso continúa gradualmente en este orden;

- Todos llegaremos a la unidad de la fe;

- Todos llegaremos... al conocimiento del Hijo de Dios.

Ahora viene el resultado final de este proceso llevado a cabo por los cinco ministerios. ¿Cuál es? Una humanidad perfecta que se conforme a la plena estatura de Cristo. Dios quiere lograr una comunidad de cristianos plenamente identificados con su Maestro y Señor. Esto sin duda es el mejor impacto que una sociedad incrédula puede tener.

También nos preguntaremos muy a propósito: ¿Hasta cuándo otorgó Jesucristo los dones del ministerio?

Tomemos nota de la frase: *"De este modo, todos llegaremos a..."* Estos dones del ministerio son la provisión propia de Cristo para el continuo crecimiento de Su Iglesia hasta que Él venga.

Notemos aquí que las Escrituras recalcan el futuro *"todos nosotros llegaremos"* como una meta que está en continuo desarrollo a través del ejercicio de los dones del ministerio. Aún hasta el último día de la era de la iglesia en la tierra. Cuando Jesús venga, algunos bebes espirituales acabarán de nacer en la familia de Dios. Ellos estarán recién iniciados en el proceso de madurez pero no lo habrán alcanzado todavía. Los cinco dones de liderazgo (ministeriales) son el programa de Dios para la madurez de los santos hasta que Cristo venga.

Este proceso de capacitación educativa continua llevado a cabo por los cinco ministerios fundamentales de la iglesia, según el llamado propio de cada uno, nos lleva a la última pregunta: ¿Cuál es el ideal supremo en todo ministerio? La respuesta está relacionada con la conclusión de este capítulo.

"Así ya no seremos niños, zarandeados por las olas y llevados de aquí para allá por todo viento de enseñanza y por la astucia y los artificios de quienes emplean artimañas engañosas. Más bien, al vivir la verdad con amor, creceremos hasta ser en todo como aquel que es la cabeza, es decir, Cristo. Por su acción todo el cuerpo crece y se edifica en amor, sostenido y ajustado por todos los ligamentos, según la actividad propia de cada miembro." Efesios 4: 14-16.

Brevemente enumeremos algunos puntos esenciales que nos ayudarán a responder correctamente:

1- La Iglesia necesita estar en un constante crecimiento espiritual ejerciendo plenamente los dones para llegar a su destinada capacitación en Cristo.

2- Los niños espirituales se trastornan y se dejan conducir fácilmente por enseñanzas falsas.

3- Los cinco dones del ministerio que Cristo puso en la Iglesia nos ayudan a crecer siguiendo el modelo de Cristo.

4- Es imposible alcanzar esta capacitación si en la iglesia no están los dones del ministerio trabajando activamente.

5- También es cierto que en algunas áreas de la cristiandad no se ha madurado completamente porque sólo han reconocido dos o tres dones del ministerio: evangelistas, pastores y algunas veces maestros, lo cual es un despropósito que debilita al cuerpo. De esto es precisamente de lo que se tratará con mayor profundidad en las siguientes páginas.

Por último el ideal supremo de todo ministerio es funcionar obedeciendo el programa de Cristo para Su iglesia. No es el glorificar ni ensalzar a hombre alguno. Sólo se busca que Cristo sea formado en cada miembro. Y esto nunca será posible sin el pleno funcionamiento de los dones ministeriales al completo. De esta manera nada impedirá que el mismo Señor Jesucristo se manifieste en toda la plenitud de Su gloria en medio de la iglesia. Veremos así Su imagen en cada hermano y en cada iglesia como la familia de Dios.

Elevo mi oración para que, al recorrer estas páginas, cada lector y estudiante de las Escrituras encuentre mayor luz y revelación ante este tema tan crucial para la iglesia contemporánea.

José Reina

1.
Desarrollando el Llamado de Dios

*"Por eso yo, que estoy preso por la causa del Señor, les
ruego que vivan de una manera digna
del llamamiento que han recibido, siempre humildes
y amables, pacientes, tolerantes
unos con otros en amor.
Esfuércense por mantener la unidad del Espíritu
mediante el vínculo de la paz."*
Efesios 4:1-3

Un tema apasionante como este merece mucha atención.
Especialmente porque la vida de una persona es transformada
por el llamado, y nunca volverá a ser la misma. Su sentido de
misión prevalecerá aun en medio de una sociedad atea y secular.
Es un tema profundo; al punto que tendremos que desglosar el

concepto de "el llamado", a "los llamados de Dios", pues abarca por lo menos tres características propias del mismo llamado.

De esta manera comenzaremos diciendo que el primer llamado de Dios para nosotros es que seamos Sus hijos. Este gran privilegio, una vez aceptado, es el que cambia toda nuestra manera de ver la vida y el propósito por el cual vivimos. (Juan 1:12).

De aquí se desprende como consecuencia el segundo llamado. Es decir, vivir una vida de nivel humano y espiritual de tal calidad que el apóstol la define de esta manera: "vivan de una manera digna del llamamiento que han recibido" (v.1).

El tercer llamado lo tenemos en el verso 3. La importancia de la unidad en el cuerpo de Cristo. Lo desarrollaremos junto con el cuarto llamado, pues están íntimamente relacionados. Todos estos llamados gradualmente nos llevan a ver que son piezas fundamentales en el carácter cristiano - un estilo nuevo de vida que toma su forma final en el cuarto llamado: servir a Dios en el ministerio.

"Él mismo constituyó a unos, apóstoles; a otros, profetas; a otros, evangelistas; y a otros, pastores y maestros..." Efesios 4:11.

"Hay diversas maneras de servir, pero un mismo Señor". 1 Corintios 12:28.

Cuando hablamos de ministerio, la palabra en el griego *"diakonia"* significa aquí, servicio. El que sirve al Señor, según el ministerio al que ha sido llamado.

Es muy importante notar aquí que el ministerio son personas que Dios llama. No son instituciones, ni iglesias, asociaciones, etc. organizadas por el hombre. En todo caso estas pueden cumplir la función de medios para desarrollar el ministerio al que una persona ha sido llamada.

"En la iglesia Dios ha puesto, en primer lugar, apóstoles; en segundo lugar, profetas; en tercer lugar, maestros; luego, los que hacen milagros; después, los que tienen dones para sanar enfermos, los que ayudan a otros, los que administran y los que hablan en diversas lenguas." 1 Corintios 12:28.

De manera que los ministerios son personas, y por lo tanto, no son llamados o puestos por los hombres. Tal es el modelo bíblico, tanto en Tel Antiguo como en el Nuevo testamento. Si este patrón fuese más respetado en la actualidad se cometerían menos errores eclesiales, tales como el surgimiento de falsos profetas o ministerios que solo quieren lucrar con la necesidad del pueblo de Dios.

Por ello es de vital importancia reflexionar seriamente. De manera que los futuros ministros del evangelio sepan discernir si realmente son llamados. Equivocarse en esto puede ser un daño tremendo para la persona - y mucho más todavía para la iglesia.

Por ejemplo, es bueno que consideremos que no se entra al ministerio simplemente porque: la persona "siente" el llamado y quiere responder a ese llamado. No podemos, ni debemos pretender convertirnos en un don de ministerio a nosotros mismos.

También podría creerse suficiente que otros le digan al candidato que está "capacitado". ¿Por qué esto no es suficiente? Sencillamente porque el llamado no es de los hombres. Nace en el corazón de Dios para sus escogidos. Él es el único que puede llamar, capacitar y enviar.

Eso nos lleva hacia una pregunta bien objetiva. ¿Cómo se reconoce entonces el llamado divino? En primer lugar, hay una convicción en el espíritu de la persona, un testimonio profundo en su propio corazón. Todo esto nace de una motivación creada por la entrega y consagración a buscar el rostro de Dios con santa desesperación - un hambre santa e insaciable. El salmista lo expresa de esta manera:

"Cual ciervo jadeante en busca del agua, así te busca, oh Dios, todo mi ser. Tengo sed de Dios, del Dios de la vida. ¿Cuándo podré presentarme ante Dios?" Salmo 42:1,2.

En segundo lugar, Dios trata con el espíritu humano del hombre. Es allí donde se siente la santa convicción de Su presencia y de Su llamado. Debemos escuchar la voz del Espíritu Santo en nosotros - el impulso interior que nos lleva a agradar al Padre. El Espíritu Santo da testimonio a nuestro espíritu. Se desarrolla esa comunión propia de seres espirituales. Dios es Espíritu. Nosotros tenemos espíritu. Así lo espiritual con lo espiritual trabaja conjuntamente, nos enseña San Pablo. El origen del llamado es el corazón de Dios por lo tanto, desde el llamado hasta la misión, se hace en un ambiente sobrenatural. Por eso es que en las cosas del reino de Dios los métodos humanos no son importantes.

Te preguntarás, quien lee estas líneas: "Entonces, ¿qué es lo verdaderamente importante? La respuesta es clara en todo el mensaje apostólico: La obediencia a Dios es lo importante. Y esto es lo que no debemos olvidar si queremos progresar en el camino de un servicio verdaderamente efectivo.

Por otra parte, es cierto que a veces Dios llama a determinados hombres de manera extraordinaria pero aprenda esto, precisamente por ello, esto no es la regla, sino la excepción.

Claro que Dios habla y se manifiesta de diferentes maneras también en este tiempo. A veces las personas tienen visiones, en otros casos sueños. Pero la enseñanza bíblica nos muestras que dichas manifestaciones no son la regla para el llamado. La seguridad o el testimonio interior sí lo son. Dios es un Padre personal. Él habla a nuestro corazón y nos da un testimonio cierto a través del Espíritu Santo que mora en nosotros.

En otros casos hay buenas profecías. Sin embargo, los dones del ministerio no son puestos por profecías, sino que en todo caso ellas son el medio por el cual Dios confirma lo que ya nos ha hablado.

"En la iglesia de Antioquía eran profetas y maestros Bernabé; Simeón, apodado el Negro; Lucio de Cirene; Manaén, que se había criado con Herodes el tetrarca; y Saulo. Mientras ayunaban y participaban en el culto al Señor, el Espíritu Santo dijo: «Apártenme ahora a Bernabé y a Saulo para el trabajo al que los he llamado»." Hechos 13:1,2.

Como vemos, Bernabé y Saulo ya habían recibido el llamado, y el Espíritu habló proféticamente sobre ellos, confirmando ese llamado. Si recibe palabra profética, si no es de confirmación, mejor ¡olvídelo!

Otro aspecto para tener en cuenta y que puede confundirnos. El hecho de que haya una necesidad, no significa que sea un llamado al ministerio. Eso no constituye necesariamente un ministerio. El llamado es de Dios, no es por necesidades.

¿Qué es lo que Evidencia a un Verdadero Llamado?

Cuando miramos el vasto ámbito del ministerio cristiano encontramos diferentes capacidades trabajando en el cuerpo de Cristo. Muchos son buenos oradores, y también, servidores eficientes. Todos ellos están capacitados de diferentes formas. Aun así, esto no quiere decir que han sido llamados al ministerio. Son personas que pueden servir en las diferentes áreas a Dios en la iglesia, pero esto no constituye un llamado de Dios al ministerio.

Por ello es tan importante que aprendamos a escuchar la voz del Espíritu Santo a través de nuestro propio espíritu. Debemos clamar a Dios por esta necesidad de ser sensibles a Su voz. Era la experiencia del salmista cuando decía: *"En lo íntimo me has hecho entender sabiduría".* Dios se revela en lo íntimo y profundo de nuestro espíritu.

No olvidemos que el mundo espiritual es más real que el mundo natural. Nuestro espíritu está más consciente de la voz de Dios que nuestras facultades mentales. Éstas tienen que ver con nuestros cinco sentidos. Más allá de eso, debemos repetirnos constantemente: "Yo no me muevo por lo que siento"; "Yo no me muevo por lo que veo"; "Yo no me muevo por lo que escucho"; "¡Me muevo por lo que sé en mi espíritu!".

Ahora, será bueno analizar también los versos 2 y 3, en este orden, del texto principal estudiado en este capítulo.

"Siempre humildes y amables, pacientes, tolerantes unos con otros en amor." Efesios 4:2.

Antes que nada debemos tener claro que todo principio de un ministerio, es el establecimiento de relaciones sanas en el cuerpo de Cristo. Este verso refleja claramente el espíritu de Cristo como nuestro Señor y maestro. Él les dijo a sus discípulos:

"Carguen con mi yugo y aprendan de mí, pues yo soy apacible y humilde de corazón, y encontrarán descanso para su alma." Mateo 11:29.

Es en este ambiente, donde un espíritu de mansedumbre y humildad refleja el Espíritu de Cristo, lo que será un claro testimonio para los que llegan de afuera.

Por ello, es que no hay lugar para rebeldes o independientes en el ministerio, sino que estas personas tienen que estar sujetas a autoridades espirituales y sobre todo a la iglesia, que en su conjunto es el mismo cuerpo de Cristo.

Ahora continuamos con el verso siguiente en este contexto:

"Esfuércense por mantener la unidad del Espíritu mediante el vínculo de la paz." Efesios 4:3.

Recordemos lo que dijimos más arriba, este es el tercer llamado de Dios a todo creyente y ministerio. Trabajar para la unidad del cuerpo de Cristo. Aquí debemos morir a nuestros propios deseos. Lo importantes es esforzarnos para "... *mantener la unidad del Espíritu...*". Esto hace a la iglesia invencible. Por ello es tan importante la motivación correcta. Como alguien dijo: "El propósito de todo ministerio es de edificar y traer sanidad a la iglesia. El ministerio no establece su propio reino a expensas de los demás".

2.
La Trinidad Operando en la Iglesia

**"Hay un solo cuerpo y un solo Espíritu,
así como también fueron llamados a una sola esperanza;
un solo Señor, una sola fe, un solo bautismo;
un solo Dios y Padre de todos, que está sobre todos
y por medio de todos y en todos."**
Efesios 4:4-6.

Es algo realmente impactante poder visualizar en el espíritu esta revelación acerca de la gloria de Dios revelada a la iglesia, y por medio de la iglesia. La presencia de Dios en Su plenitud es atesorada en la iglesia como el cuerpo de Cristo.

No creo que seamos capaces de entender plenamente un misterio tan profundo. Pero a Dios en Su gran amor le place bendecirnos con lo mejor de Él. La iglesia es la encargada de saber rendirse al Espíritu Santo para que éste derrame dones ministeriales. Y así, impactar el mundo.

Lo primero que notamos es el énfasis acerca de la iglesia como *"un solo cuerpo"*. Además, si recordamos que el término *"eklesia"* en el griego significa "apartados", nos aclara que la iglesia está compuesta por aquellos que han sido apartados para el Señor.

Así que no puede haber más de un cuerpo, solo hay uno, el conformado por los lavados por la sangre de Cristo. En este cuerpo, todos somos miembros los unos de los otros.

Enseguida entra en escena la presencia del Espíritu Santo. Jesús manifestó claramente antes de Su partida que sería Él quien acompañaría a los discípulos para no dejarlos solos y para enseñarles, recordarles Sus enseñanzas y también guiarles (Juan 16:12-15).

Es por eso que este resulta ser un pasaje esencial para el fundamento de la fe cristiana. Es Pablo, inspirado por el mismo Espíritu Santo, él que está sentando la que sería la teología definitiva para la iglesia hasta nuestros días.

Por eso otra vez el énfasis: *"un solo Espíritu"*. En una época de tanta actividad demoníaca debe quedar claro que no se trata de "espíritus", los cuales son innumerables, sino de uno solo, el Espíritu de Dios. Se trata del Espíritu Santo quien es Dios mismo, derramando Sus Dones sobre el cuerpo. Y para que no haya dudas Pablo lo deja bien claro con estas palabras:

"Ahora bien, hay diversos dones, pero un mismo Espíritu." 1 Corintios 12:5.

La fuente de los diversos dones es el mismo Dios Padre, de allí procede el Espíritu Santo que los derrama y concede. Aunque nos enfocaremos en estas páginas en los cinco dones ministeriales de Efesios 4:11 y en su contexto, no debemos olvidar que hay una lista extensa de otros dones para el crecimiento del cuerpo de Cristo. Los cuales son herramientas indispensables para el discipulado.

Su diferencia con los que tratamos aquí es que no son dones de liderazgo, sino sólo de servicio. Mencionamos también las otras dos listas de funciones presentadas por Pablo en Romanos 12 y 1 Corintios 12. Sin embargo, en estos dos pasajes, Pablo no está identificando dones ministeriales, sino otros servicios esenciales para la vida general de la iglesia. Estos son factores que pueden suceder en los que son establecidos como "dones ministeriales", pero que también pueden ocurrir en todo el resto del cuerpo de Cristo. De manera que cualquier laico en condiciones puede ejercitarlos. Pero eso no quiere decir que forme parte de alguno de los cinco dones ministeriales. Tampoco que deba ser un ministro ordenado para ser usado por Dios en algunos de esos dones. Esta es la maravillosa libertad en Cristo que cada miembro en la iglesia puede fluir en el ejercicio de los dones espirituales si el Señor los necesita.

Aunque no desarrollaremos este tema es bueno dejar aclarado que hay una clara diferenciación entre ejercer un don y tener un llamado ministerial. Ocasionalmente cualquier miembro que está lleno del Espíritu Santo puede moverse en estos dones.

Hecha esta salvedad volvemos al Apóstol Juan que habla de la realidad de la obra del Espíritu Santo, escribiendo las palabras que había escuchado de la boca del mismo Señor Jesucristo.

"Muchas cosas me quedan aún por decirles, que por ahora no podrían soportar. Pero, cuando venga el Espíritu de la verdad, él los guiará a toda la verdad, porque no hablará por su propia cuenta, sino que dirá solo lo que oiga y les anunciará las cosas por venir. Él me glorificará porque tomará de lo mío y se lo dará a conocer a ustedes. Todo cuanto tiene el Padre es mío.

Por eso les dije que el Espíritu tomará de lo mío y se lo dará a conocer a ustedes. Tenemos que considerar que los dones espirituales son herramientas que Él nos da para que disfrutemos de esa "esperanza" producida por esa "vocación" a la que hemos sido llamados de una forma plena." Juan 16:12-15.

Aquí podemos ver al Padre, al Hijo y al Espíritu Santo en un trabajo realmente maravilloso. No podemos saber en qué momento deja de ser uno para convertirse en el otro. Claro que este es el misterio de la trinidad.

Demasiado profundo para sugerir hipótesis alguna tratando de entenderlo científicamente. Ello escapa al entendimiento finito y humano. (Ver 1 Timoteo 3:16). Si continuamos por el camino de la fe veremos la trinidad siempre trabajando junta, ya desde el capítulo uno de Génesis (Génesis 1:26). ¿Es extraño, entonces, que siga trabajando de la misma manera hasta nuestros días? Seguramente que no. Sólo que en esta etapa de la gracia en que vivimos el rol más llamativo es ahora el ministerio del Espíritu Santo - de allí los dones, milagros, maravillas y señales con las cuales el Señor sigue respaldando a Su iglesia cuando se mueve de acuerdo a Su programa divino.

Los dones son herramientas poderosas que nos ayudan a madurar espiritualmente. Nos capacitan para un mejor servicio. Nos dan mayor discernimiento para situaciones en las que de otra manera seríamos fácilmente confundidos por el enemigo de nuestras almas. Son armas espirituales para una obra espiritual. Si observamos con atención veremos que la iglesia del primer siglo se movía haciendo una costumbre diaria ejercer los dones espirituales. Aunque hay muchas referencias en el Nuevo Testamento, solo con una leída de corrido al libro de los Hechos de los Apóstoles nos meterán de lleno en esa atmósfera espiritual y casi podremos respirar Su presencia. Ha causa de que el Espíritu Santo no es correctamente bienvenido en algunas iglesias se desconoce totalmente esa atmósfera de poder que debiera ser normal para la iglesia de nuestros días y no una excepción.

Si vemos con atención, podemos notar que el verso 5, recalca la realidad de que en medio de la iglesia hay *"un solo Señor"*. Y me imagino, en mi espíritu, la Persona gloriosa del Señor Jesucristo, paseándose en medio de la congregación, reinando en cada corazón "como Señor". Otra vez Pablo nos aclara el concepto:

"Hay diversas maneras de servir, pero un mismo Señor." 1 Corintios 12:5.

No importa cuán grande sea la iglesia, la diversidad y maneras de servir, Él es el Señor – sea en medio de una multitud de ministros o en una humilde congregación. La manera de servir no es tan importante, sino a Quién servimos - si realmente lo honramos como Señor. Si es así, querremos imitar Sus modales y seguir Su ejemplo (San Juan capítulo 13). Rey. Dueño. Amo. Jefe. Todo esto y más, significa la palabra Señor. ¿Querrás entrar al ministerio para servirle como Señor de tu vida? Pablo definió así el Señorío de Cristo sobre su vida:

"He sido crucificado con Cristo, y ya no vivo yo, sino que Cristo vive en mí. Lo que ahora vivo en el cuerpo, lo vivo por la fe en el Hijo de Dios, quien me amó y dio su vida por mí." Gálatas 2:20.

Por otra parte, cuando una iglesia tiene un enfoque Cristo céntrico, su ministerio dará como resultado hombres y mujeres de una fe en constante crecimiento. Por eso, notemos que ahora Pablo nos habla de "una sola fe". No debe haber confusión.

El Señor, mediante los ministerios, establece a los cristianos en una experiencia de fe, es decir, una vida de confianza en el Señor. Esto y no otra cosa, es una vida de fe. La fe agrada a

Dios. Y esto no es tan místico como parece. Simplemente cuando los dones son enseñados y activados en la iglesia, entonces los miembros se fortalecen y comienzan a hacer la obra de Dios con la unción del Espíritu Santo. A menos que descubramos este poder (Hechos 1:8), esta unción, este fuego de parte de Dios - que es la plenitud de Su Espíritu en nosotros - nuestro cristianismo será sin fruto, también sin expectativa.

Se necesita esta clase de fe para compartir el evangelio con tu compañero de trabajo. Se necesita fe para orar por tu vecino enfermo. Se necesita fe, para no dejar de congregarnos y vencer la apatía, o la vida cómoda de nuestros días. Una clara comprensión de los dones del Espíritu hará una iglesia con miembros fuertes y fervorosos en el espíritu para servir al Señor. Cristo debe convertirse en alguien real, no simplemente el Cristo histórico. Necesitamos al Cristo vivo y vencedor.

"En realidad, sin fe es imposible agradar a Dios, ya que cualquiera que se acerca a Dios tiene que creer que él existe y que recompensa a quienes lo buscan." Hebreos 11:6.

Es importante también recordar, nos dice Pablo, que hay *"un solo bautismo"*. La diversidad de ministerios que el Señor ha concedido a la iglesia, también, nos hacen conscientes de los beneficios, privilegios, y responsabilidades que nuestra "redención" nos otorga. Y sin duda alguna, ¡el bautismo es un testimonio de esto!

En esta magistral enseñanza de San Pablo, nos toca detenernos en otro énfasis: *"un solo Dios"*. Aquí también ampliaremos esta verdad con palabras del apóstol:

"Hay diversas funciones, pero es un mismo Dios el que hace todas las cosas en todos." 1 Corintios 12:6.

Que maravillosa es esta obra trinitaria que hemos venido desarrollando hasta aquí. El Padre, el Hijo y el Espíritu Santo trabajando de una manera mancomunada para edificar la iglesia que Jesús ganó con Su sangre. Vamos a concluir este apartado con la obra de Dios.

Podemos ver cómo Dios Padre tiene Su función clara en la iglesia. Él es el Arquitecto de la redención. Él quiso redimirnos desde el primer día de la caída en el Edén, y envió a Jesucristo como ejecutor de ese plan. Pero, ahora Dios también opera y lleva a cabo Sus planes en las vidas de los creyentes como Sus hijos. Él está sobre todos, y por todos, y en todos. Una magnífica conclusión, propia del estilo paulino, para demostrarnos que en lo relacionado con la obra redentora en nosotros, Su trabajo es perfecto y detallista.

A Dios no se le escapa ningún detalle ni situación en nuestra vida, de manera que podemos estar seguros *"que el que comenzó en nosotros la buena obra la perfeccionará hasta el fin."* ¡Cuánta gratitud debe haber, entonces, en nuestros corazones! Él ya nos conocía de antemano, sin embargo nos escogió para ser Sus hijos y nos permite servirle para que el evangelio se extienda. Hay muchas cosas que no entiendo. Pero estoy seguro de una. Él nos ama y no se equivoca nunca. ¡Gloria a Su Nombre!

3.
La Plenitud de Cristo

"Pero a cada uno de nosotros se nos ha dado gracia en la
medida en que Cristo ha repartido los dones.
Por esto dice: «Cuando ascendió a lo alto,
se llevó consigo a los cautivos y dio dones a los hombres».
(¿Qué quiere decir eso de que «ascendió»,
sino que también descendió a las partes bajas,
o sea, a la tierra?
El que descendió es el mismo que ascendió por encima de
todos los cielos, para llenarlo todo)."
Efesios 4:7-10.

El versículo 7 afirma que a cada uno de nosotros, se nos ha dado
gracia.

La gracia, cuyo término significa "favor inmerecido", destaca
el gran amor y misericordia de Dios hacia su pueblo. La gracia

no es otra cosa que la misma persona de Jesucristo, dado en medida a cada creyente. De esta manera Su plenitud se manifiesta de una manera sobrenatural en el cuerpo de Cristo, que es la iglesia.

Como podemos ver en el contexto de este maravilloso pasaje, "Su plenitud manifiesta" en la iglesia es a través de ministerios de autoridad y gobierno, como lo son por ejemplo, apóstoles, profetas, evangelistas y maestros (ver v.11).

Cada miembro recibe de Su plenitud. Los dones son la plenitud manifiesta del Espíritu Santo; las operaciones de Dios son la plenitud manifiesta del Padre. El término gracia tiene un segundo significado que es "poder capacitador". Es por la gracia que el hombre de Dios es capacitado sobrenaturalmente. Ella es la fuente de poder para una iglesia victoriosa.

Siempre llama la atención cómo la iglesia primitiva en los Hechos de los Apóstoles, era poderosa y eficaz en su ministerio. Conversiones, prodigios y señales nos dejan boquiabiertos. ¿Es posible que nuestra iglesia contemporánea tenga el mismo éxito? El relato nos da la respuesta del porqué de la unción y poder con la que ellos se movían:

"Los apóstoles, a su vez, con gran poder, seguían dando testimonio de la resurrección del Señor Jesús. La gracia de Dios se derramaba abundantemente sobre todos ellos." Hechos 4:33.

Vemos aquí un despliegue generoso de la gracia, que se derramaba abundantemente *"sobre todos ellos"*. No creo que Dios haya cambiado su modelo de unción y poder para el ministerio. Somos nosotros los que equivocamos el rumbo; especialmente queriendo llenar con metodología humana el hueco de la falta de unción.

¿Hay solución? Claramente esta la respuesta ante nuestros ojos. Debemos volver a enfocarnos en la gracia de Dios. Entonces la plenitud de Cristo llenara Su cuerpo y también a cada uno que lo busque con sinceridad. Este ha sido el plan desde el principio. Mucho mejor esa plenitud ya está en nosotros. ¿Qué? ¿Demasiado bueno para ser verdad? Leamos:

"Toda la plenitud de la divinidad habita en forma corporal en Cristo; y en él, que es la cabeza de todo poder y autoridad, ustedes han recibido esa plenitud." Colosenses 2:9, 10.

Sí, creo que es una palabra muy profunda, muy poderosa, pero no siempre entendemos la profundidad de los misterios de Dios. Si a Él le place habitar con Su plenitud en nosotros, sólo podemos postrarnos en adoración a Sus pies.

Que nuestra fe sea aumentada para creerle a nuestro Señor que la vigencia de Su obra redentora está obrando en nosotros en todos sus aspectos. Clamemos por un poderoso derramamiento de Su gracia, a nivel personal y como iglesia. ¡No vivamos de migajas, cuando podemos movernos en Su plenitud!

"Y dio dones a los hombres" (Ef.4:8). Este es el alto privilegio de los hombres redimidos por la sangre preciosa de Cristo - la gente "apartada para Dios": Su iglesia. En el verso 7, hablamos de "Su plenitud manifiesta", ahora nos toca ver acerca de "Su plenitud repartida" sobre sus redimidos a través de los dones.

El escritor está haciendo una alusión directa al Salmo 68:18 - una escritura profética de la gran victoria que Cristo ganaría para Su iglesia. Allí se describe lo que hacían los generales o monarcas que conquistaban a otros ejércitos. Sus enemigos eran despojados de sus armas y de sus riquezas. De manera que al regresar victoriosos a sus ciudades y aldeas repartían todo este botín a sus fieles soldados y oficiales.

Es imposible imaginarnos semejantes riquezas de esta plenitud en Cristo. Lo cierto es que la iglesia tiene asegurada todo lo que necesite en cualquier aspecto de su ministerio; lo mismo el creyente que sirve con verdadero ahínco a su Señor. Pablo lo desarrolla también a este tema en otra de sus epístolas:

"Así que mi Dios les proveerá de todo lo que necesiten, conforme a las gloriosas riquezas que tiene en Cristo Jesús." Filipenses 4:19.

Sin duda nuestro entendimiento no puede abarcar, ni siquiera imaginar todo lo que incluyen "las gloriosas riquezas" que tenemos en Cristo Jesús. Cualquiera sea la situación presente recordemos Su promesa para nosotros, en cualquier área de nuestra vida nos dice el apóstol: *"...mi Dios les proveerá de todo lo que necesiten."*

Te invito a detenerte conmigo, y alabar un tiempo al Señor por la plenitud de la que nos ha hecho parte. En él estamos completos. Nada nos falta. El que te ha llamado siempre proveerá. ¡Descansa y haz tu tarea con entusiasmo!

Por último, levanta tus ojos al cielo y mira en el espíritu esta gran verdad:

"... ascendió por encima de todos los cielos, para llenarlo todo." (v.10).

Aún en la eternidad la gloria de Cristo lo llena todo con Su presencia. Él había dejado Su gloria, para venir humillado como un hijo de hombre a la tierra. Ahora lo vemos regresar con toda "Su plenitud restaurada" en los cielos, en la iglesia y sobre todo. Ya no hay nada que pueda escapar a su señorío.

Hemos visto entonces que el Ministerio de Jesucristo hacia la iglesia se manifiesta a través de los diferentes ministerios que Él mismo ha constituido.

Resumiendo, lo hemos visto como "Su plenitud manifiesta" (v.7), que tiene que ver con los ministerios de autoridad o de gobierno. Luego como "Su plenitud repartida" (8), relacionada con el derramamiento de dones espirituales para el crecimiento del cuerpo. Y por último, en relación a "Su plenitud restaurada" (10), recuperando Su gloria en los cielos y manifestándola en todos los niveles de Su Señorío.

Se dice que una buena imagen puede llegar a ser tan efectiva como mil palabras. En realidad, la pluma de los escritores sagrados, en ocasiones, nos hace ver que las descripciones de algunos hechos celestiales revelados por Dios a sus vidas nos dejan boquiabiertos. La epístola a la iglesia de los Colosenses escrita por el Apóstol Pablo es algo así. Quedamos asombrados cuando leemos la descripción que él nos hace de cada efecto redentor de Cristo en el mundo espiritual. Relativo a como la gloria de Cristo llena la eternidad luego de sus ascensión triunfal, veamos la siguiente ilustración en palabras. La supremacía de Cristo:

"Él es la imagen del Dios invisible, el primogénito de toda creación, porque por medio de él fueron creadas todas las cosas en el cielo y en la tierra, visibles e invisibles, sean tronos, poderes, principados o autoridades: todo ha sido creado por medio de él y para él. Él es anterior a todas las cosas, que por medio de él forman un todo coherente. Él es la cabeza del cuerpo, que es la iglesia. Él es el principio, el primogénito de la resurrección, para ser en todo el primero. Porque a Dios le agradó habitar en él con toda su plenitud y, por medio de él, reconciliar consigo todas las cosas, tanto las que están en la tierra como las que están en el cielo, haciendo la paz mediante la sangre que derramó en la cruz." Colosenses 1: 15-20.

Esta asombrosa imagen de Cristo tal vez se pudiera resumir algo diciendo *"que a Dios le agradó habitar en él con toda Su plenitud"* y ¿Cómo se puede describir esto? La dimensión de lo eterno se presenta ante nosotros y nos deja sin palabras. Esa gloria de la divinidad, real y presente, está en el trono de Dios. Pero también en nuestro corazón.

En medio de la iglesia manifestándose a través de los ministerios que Él mismo ha constituido, Él nos hace a nosotros partícipes privilegiados como beneficiarios directos de esta maravillosa plenitud. Si estás trabajando en un ministerio y estás cansado o desanimado, mira a Cristo en la plenitud de Su gloria. Él quiere derramar de esa plenitud sobrenatural en tu propia vida. Hay suficiente gracia. ¿Qué puede faltar para nosotros en Su trono de gracia? Te sugiero que ahora mismo dejes el libro a un costado y te arrodilles en Su presencia. Deja todo a un lado. Olvídate de todo y piensa sólo en Él. Te sugiero esta oración:

"Padre amado, no quiero seguir un segundo más adelante sin ver la presencia de Tu Gloria en Tu misma Persona delante de mí. Abre mis ojos para ver Tu plenitud manifestándose en cada parte de mi ser. Dame la convicción por la fe de que Tu plenitud habita en mi vida. ¡Alabado sea Tu Nombre! Amén."

4.

Los Cinco Dones de Liderazgo

"Él mismo constituyó a unos, apóstoles; a otros, profetas; a otros, evangelistas; y a otros, pastores y maestros."
Efesios 4:11.

Nos introducimos aquí un poco más al meollo de este apasionante tema. Digo apasionante porque es la manera en que Dios ha establecido para manifestarse a la iglesia de una manera sobrenatural. Esto es lo que hace apasionante la vida cristiana: conocer el origen de la manera maravillosa en que Dios decide moverse en medio de Su pueblo y bendecirlo con Su presencia.

Es por esto que nos surge la pregunta esencial:

¿Por qué el Señor Jesucristo otorga dones de liderazgo a su iglesia?

Nos ayudará seguir la lectura de estos pasajes:

"Habiendo dicho esto, mientras ellos lo miraban, fue llevado a las alturas hasta que una nube lo ocultó de su vista. Ellos se quedaron mirando fijamente al cielo mientras él se alejaba. De repente, se les acercaron dos hombres vestidos de blanco, que les dijeron: Galileos, ¿qué hacen aquí mirando al cielo? Este mismo Jesús, que ha sido llevado de entre ustedes al cielo, vendrá otra vez de la misma manera que lo han visto irse". Hechos 1: 9-11.

"Ese poder es la fuerza grandiosa y eficaz que Dios ejerció en Cristo cuando lo resucitó de entre los muertos y lo sentó a su derecha en las regiones celestiales, muy por encima de todo gobierno y autoridad, poder y dominio, y de cualquier otro nombre que se invoque, no solo en este mundo, sino también en el venidero. Dios sometió todas las cosas al dominio de Cristo, y lo dio como cabeza de todo a la iglesia." Efesios 1: 19b-22.

El primer relato es el maravilloso acontecimiento en el que se nos recuerda que luego de morir en la cruz por nuestros pecados, Cristo nuestro Señor ascendió a los cielos para sentarse en autoridad a la diestra de nuestro Padre celestial.

Desde esa dimensión sobrenatural de autoridad, gloria y poder, Él otorgó dones de liderazgo para la edificación de Su iglesia. Él mismo da a Su iglesia apóstoles, profetas, evangelistas, pastores y maestros. El propósito es claramente establecido, para equipar a los santos para la obra del ministerio.

Es importante ver que el término "perfección" en griego (Efesios 4:12), tiene una connotación llamativa, se refiere a "reparar" el daño causado por el pecado en la vida de los nuevos creyentes que llegan a la congregación.

También significa, "preparar y equipar" esto es a los creyentes, de manera que puedan llevar a cabo la obra del ministerio. De esta manera realizan de una manera efectiva la voluntad del Señor Jesucristo para la Iglesia.

Así podemos notar que la causa principal por la que el Señor Jesucristo otorga dones a Su iglesia es para equiparla. Logrando que cada miembro sea "perfeccionado". De esa manera cada cristiano en su iglesia local podrá servir al Señor, no a medias, sino plenamente.

Cuando somos enseñados por los distintos ministerios, entonces somos capacitados para servir con excelencia. Lo magnífico de ello es que seremos y nos sentiremos útiles; daremos frutos para la eternidad. Eso hace que nos sintamos uno con el Señor y Su misión aquí en esta tierra.

Nos será también de ayuda ver, aunque sea brevemente, cómo los líderes entrenan a los miembros de la iglesia para enseñarles a desarrollar sus dones. Debemos recalcar que los líderes ejercen una tarea educativa equipando a los miembros para los siguientes tres aspectos de la ministración.

1. Capacitándolos para ministrar al Señor.

Mientras ayunaban y participaban en el culto al Señor (ministraban), el Espíritu Santo dijo: «Apártenme ahora a Bernabé y a Saulo para el trabajo al que los he llamado»." Hechos 13:2.

2. Capacitándolos para ministrarse los unos a los otros.

"Todos los creyentes estaban juntos y tenían todo en común: vendían sus propiedades y posesiones, y compartían sus bienes entre sí según la necesidad de cada uno. No dejaban de reunirse en el templo ni un solo día. De casa en casa partían el pan y compartían la comida con alegría y generosidad." Hechos 2: 44-46.

3. Capacitándolos para ministrar al mundo el evangelio de salvación.

"Les dijo: «Vayan por todo el mundo y anuncien las buenas nuevas a toda criatura. El que crea y sea bautizado será salvo, pero el que no crea será condenado. Estas señales acompañarán a los que crean: en mi nombre expulsarán demonios; hablarán en nuevas lenguas; tomarán en sus manos serpientes; y, cuando beban algo venenoso, no les hará daño alguno; pondrán las manos sobre los enfermos, y estos recobrarán la salud»." Marcos 16: 15-18.

Como podemos ver, es absolutamente esencial que estos cinco dones de liderazgo estén funcionando en la iglesia. Sin ello la iglesia se debilita. Estos son dones para la iglesia universal. Están a disposición de todos. Lo que no hay en una congregación local, lo hay en la otra. Quizás una es fuerte en evangelistas y profetas. Pero necesitan invitar maestros para seguir edificando la obra de Cristo. Un signo de buena salud espiritual es cuando una iglesia respeta y sabe reconocer que necesita a otros ministerios. Dios lo ha hecho así para que nos necesitemos. ¡Gloria a Su Nombre!

¿Quién otorga o constituye los ministerios a una iglesia?

Esta es sin duda la otra pregunta que debemos tratar - más en estos tiempos de tanta confusión con supuestos "ministerios" que recorren las iglesias pero que no reconocen un orden de autoridad.

Así que reflexionamos ahora sobre una enseñanza esencial para la marcha y el gobierno de la iglesia de Cristo en la tierra. La primera gran verdad que tenemos que considerar, es que sólo el mismo Señor Jesucristo es quien "constituye" los ministerios en la iglesia.

Y no podría ser de otra manera pues Él es la cabeza de Su iglesia. Sólo Su Persona puede lograr y mantener una unidad sólida de cada uno de estos cinco ministerios en el cuerpo de Cristo. Es muy elocuente cómo lo describe el apóstol Pablo en el contexto a la iglesia de Éfeso.

Había algunos (descriptos en el verso 18) que no se mantenían unidos, razonaban mucho pero no entendían el orden divino. Sus mismos razonamientos los envanecían. La verdadera unidad comienza por la Cabeza que es Cristo. Es decir, para que haya verdadera unidad se necesita entender y estar bajo autoridad. Si los ministerios están unidos a la Cabeza que es Cristo, el cuerpo funciona como una orquesta sinfónica que sigue a la perfección las indicaciones de su director. Como consecuencia produce una perfecta melodía. Toda unidad comienza en la cabeza. Y esto como consecuencia trae crecimiento y prosperidad espiritual al cuerpo.

Supuestamente hay muchos "visionarios" hasta "adoradores de ángeles" – dice Pablo- sin embargo eso no garantiza que estén dispuestos a dejar sus razonamientos equivocados. A veces la iglesia puede ser confundida por estos maestros del engaño.

Así que a los cristianos les indica el camino correcto para crecer en la voluntad de Dios. La garantía para que la plenitud de Cristo se manifieste en el cuerpo es esta:

"...firmemente unidos a la Cabeza. Por la acción de esta, todo el cuerpo, sostenido y ajustado mediante las articulaciones y ligamentos, va creciendo como Dios quiere". (Colosenses 2:19).

Concluimos entonces, que una señal clara de la validez de cualquiera de estos ministerios es su disposición a sujetarse a la Cabeza que es Cristo. Entienden que hay un modelo de autoridad reflejado por el mismo Señor de la Iglesia. Su ejemplo es inalterable. Él dio su vida por las ovejas. El espíritu correcto de un ministerio es básicamente el que edifica y une al cuerpo de Cristo.

También hemos visto que los ministerios son personas. ¿Qué es lo que queremos afirmar cuando decimos esto? Que no puede existir ninguno de estos ministerios sin un llamado personal. Dios llama siempre a una <u>persona en particular</u> para iniciar cualquiera de estos cinco ministerios.

Notemos cómo comienza Efesios 4:11: *"Él mismo constituyó..."*. Así que nadie puede tomarse la atribución de llamar, o nombrar personas sin la confirmación del Espíritu Santo. Los ministerios son la extensión del ministerio de Cristo a la iglesia. Y para que eso sea posible Él mismo llama a sus ministros. Sus apóstoles, sus profetas, Sus evangelistas, Sus pastores y maestros. Ellos deben tener el sello de Su llamado.

Recordemos que el término "ministerio" quiere decir servicio *(diakonia)*. Estas cinco clases de líderes tienen un propósito en común, y no es otro que el servir.

El Señor Jesucristo nos ha dejado Su modelo como ejemplo. Él es el primer diácono de la iglesia, el primer servidor. Tal debe ser la motivación correcta del llamado a servir.

En todo, Jesucristo es el primero - dejándonos el modelo a seguir, es decir, Su ejemplo. Y esto es muy importante si vamos a servir en el ministerio. ¿Crees que tienes el llamado para servir a Cristo? El apóstol Pedro también nos lo recuerda:

"Para esto fueron llamados, porque Cristo sufrió por ustedes, dándoles ejemplo para que sigan sus pasos." 1 Pedro 2:21.

No debemos olvidar que Jesucristo es, el primer apóstol, el primer profeta, el primer evangelista, el primer pastor y el primer maestro. Esto nos ayudará a mantenernos en el espíritu correcto, a humillarnos delante de Él para que de Él solamente sea la gloria y que Él solamente reciba todo el crédito por Sus maravillas.

El conoce bien nuestro ministerio. Él sabe bien lo que necesitamos. Sólo debemos cuidarnos de vivir en una profunda dependencia de Él.

Generalmente estos cinco ministerios se denominan "los ministerios gubernamentales de la iglesia" porque son puestos en autoridad directamente por el Señor mismo. La denominación es sólo para ayudarnos a entender el alcance de la responsabilidad de estos ministerios. Su responsabilidad es en primer lugar, hacia el Señor y luego su responsabilidad hacia la iglesia aquí en la tierra, y por la autoridad espiritual que les ha conferido el Señor. De manera que estos cinco ministerios son el gobierno espiritual de la iglesia.

5.

El Apóstol

"Él mismo constituyó a unos, apóstoles...".
Efesios 4:11

Recalquemos una verdad muy importante. ¡Todavía el oficio de apóstol sigue vigente! Y también todos los ministerios que el Señor otorgó a Su iglesia. Es difícil de entender por qué algunos piensan que Dios cambió de idea en cuanto al plan original. En todo este despropósito algunos teólogos nos quieren hacer creer que la constitución de los cinco dones del ministerio fue un fenómeno acaecido sólo para el primer siglo. Tal es su argumento.

Por supuesto que no hay respaldo bíblico para la enseñanza de que el ministerio de los apóstoles y profetas, que son los más cuestionados, cesaran después del primer siglo de la historia de la iglesia. Lo cierto, es todo lo contrario. Si leemos con atención la historia de la iglesia encontraremos abundante material acerca de ejemplos del ministerio apostólico. Hay muchos ejemplos en las naciones de grandes ministerios usados por el Señor donde podemos ver que el Espíritu Santo sigue obrando maravillas en medio de Su iglesia a través de apóstoles y profetas.

Generalmente los prejuicios tienen que ver con algunos ministerios que han sido perjudiciales. Pero eso en todo caso debe ser la excepción y no la regla. Lo mismo sucedió en el ministerio de Jesús y en la iglesia primitiva con los apóstoles. Los errores humanos no hacen cambiar de ninguna manera los planes divinos. Siempre habrá apóstoles y ministros fraudulentos como lo advierte Pablo:

"Tales individuos son falsos apóstoles, obreros estafadores, que se disfrazan de apóstoles de Cristo." 2 Corintios 11: 13.

Estafadores quiere decir fraudulentos. Así describe el apóstol a quienes ejercen ministerios solo para su propio beneficio. Precisamente para librarnos de tales lobos disfrazados es que necesitamos estos cinco ministerios -que incluyen apóstoles y profetas- para que con su enseñanza y ejemplo preparen al pueblo para ser diligente e instruido. Será entonces fácil discernir y luego identificar a estos charlatanes que vienen a estafar al pueblo de Dios.

Por cierto, no me cabe en el entendimiento de cada uno de estos ministerios otra cosa que no sean hombres cabalmente formados. Debemos terminar con la mediocridad. Cada hombre o mujer llamado al ministerio debe tener su formación teológica completa y una buena experiencia de haber estado algunos años en compromiso con la iglesia local - sirviendo, sirviendo y sirviendo. ¿O nos atreveremos a desafiar el modelo que nos dejó nuestro Señor y Maestro? ¿Cómo puede ejercer autoridad quién jamás se ha sometido a ella? ¿Cómo puede alguien liderar un ministerio si nunca se ha arremangado para trabajar no solo en el púlpito sino también con la pala y el pico si es necesario?

Debemos alentar la fundación de escuelas bíblicas internas donde se eduque a los candidatos de una manera total en todos los aspectos. No sólo el predicar es importante. Cocinar, barrer, sacar la basura, etc., etc. es fundamental para quien llevará el mensaje del evangelio. El llamado de Dios al ministerio no es para que nos sirvan. ¡Es para servir! Cuidemos que la motivación sea la correcta. De lo contrario Dios no podrá respaldarnos. No vayamos tras un título o posición. Busquemos dónde servir. Entonces Dios nos sorprenderá.

La mejor decisión que tomé fue cuando decidí obedecer esa voz interior que me decía: "debes prepararte, manejar bien la Palabra de verdad". Eso me llevó por tres años a la Escuela Bíblica Evangélica de Villa María en la Provincia de Córdoba, Argentina. Creo, sin temor a equivocarme, que fueron los tres años mejor invertidos de mi vida. En ese internado donde llegue a los 17 años aprendí a disfrutar de lavar los platos, limpiar, arreglar el jardín, etc. mientras a la mañana teníamos las clases de Hermenéutica, Biblia, Psicología, Homilética y tantas otras.

El día estaba bien ocupado. Estábamos en formación para ser soldados de Jesucristo. (Claro que mi regalo mayor fue conocer a quien hoy es mi amada esposa y con quien tuvimos cuatro hermosos hijos.) El desafío era mejorar cada día. Los profesores fueron hombres consagrados que, luego de su trabajo, nos servían enseñándonos con sus clases y con su vida.

Es triste ver mucha gente que recibe un llamado y corren a realizar 'actividades'. Esto nunca funciona así. Primero viene el llamado. Luego la preparación que pueden ser varios años más de los que nos gusta esperar - como el caso de Pablo que fue llevado al desierto a prepararse en la escuela del Señor. Luego entonces serás enviado. Si para Pablo fueron más de diez años

¿cómo será menos para nosotros? Aunque en realidad la preparación nunca termina.

Sin embargo, esa es precisamente la novedad de vida para el cristiano. Dios nunca es aburrido. Siempre está haciendo cosas nuevas, especiales, pero sólo se las revela a Sus íntimos - a Sus amigos, a los que le buscan de veras. Por ello todo hombre que quiera ser siervo de Dios deberá ser entendido en los tiempos.

Este es un tiempo difícil y peligroso para los que están de paso como peregrinos por este mundo. La incredulidad y la apostasía crecen como la cizaña. Es verdad; de pronto y como de la nada, aparecen apóstoles y profetas por todos lados. Como nos referíamos antes, es la época de los *"apóstoles fraudulentos que se disfrazan"*.

Sin embargo, eso de ninguna manera debe detener a los verdaderos cinco ministerios que el Señor ha otorgado a la iglesia. ¡Hay verdaderos y buenos apóstoles y maestros! Es deber de la iglesia de estar preparada en estudio y conocimiento como también en Espíritu y verdad para discernir y con los mismos dones espirituales dirigir a la iglesia a campos verdes y aguas frescas. Allí no hay lugar para ministerios falsos. La buena enseñanza contrarresta a la mentira, porque los miembros de la iglesia se están acercando a la plenitud de Cristo.

Definiendo el término:

Si entendemos el verdadero significado del término, no tendremos prejuicios que nos impidan entender la vigencia y la necesidad de este ministerio en la iglesia de Jesucristo en este tiempo.

La palabra "apóstol" (griego: ***apostolos***), en un sentido literal quiere decir "uno que es enviado".

En el griego clásico se usaba para referirse a:

- Un emisario o un embajador.

- Una flota de naves.

- Una expedición enviada con un objetivo específico.

- El Almirante que comandaba la flota.

- La colonia establecida por el Almirante que comandaba la flota.

Si una flota de barcos salía con el propósito de establecer nuevas colonias, todos ellos eran llamados "apóstoles". Es decir, la flota, el Almirante, y la nueva colonia fundada.

Será importante entonces que consideremos la relación entre los enviados y quien los enviaba.

Los enviados, el Almirante, la flota, y la colonia establecida representaban una verdadera imagen del Enviador. Eran fieles en transmitir o reflejar las intenciones del que los enviaba. Si así es en los negocios del mundo, imaginemos lo importante que es para él que es enviado a tratar con los negocios del Padre, y que tienen un valor eterno. Nos hará bien meditar en la siguiente escritura acerca de quién nos envía a nosotros:

"Por lo tanto, hermanos, ustedes que han sido santificados y que tienen parte en el mismo llamamiento celestial, consideren a Jesús, apóstol y sumo sacerdote de la fe que profesamos." Hebreos 3:1.

Enseguida descubrimos aquí que la actitud primordial del verdadero apóstol es la fidelidad.

La asociación y relación entre el "Enviador" y el enviado se explica con la máxima judía que dice que "el apóstol es el equivalente a aquel que lo ha enviado". No se trata de una simple substitución, sino que el "Enviador" se ve representado en la persona "enviada". Un claro ejemplo de esto lo podemos apreciar en la vida de Jesús, quien es el Gran Apóstol enviado del Padre para fundar la iglesia y fielmente representar las intenciones del Padre.

"Quien los recibe a ustedes me recibe a mí; y quien me recibe a mí recibe al que me envió." Mateo 10:40.

Jesús, después de haber orado toda una noche, escogió a doce de sus discípulos y los llamó apóstoles (ver Lucas 6:12-16).

Estamos en condiciones de clarificar, entonces, un concepto claro acerca de quién es un apóstol. Un apóstol, entonces, es uno "enviado" con autoridad, quien fielmente representa los propósitos y las intenciones del que lo envía.

Siguiendo el pensamiento, los "doce" recibieron órdenes de fundar y establecer una nueva colonia, es decir, la iglesia, que fielmente reflejara la visión de Quien los enviaba.

Niveles de Apóstoles en el Nuevo Testamento

1. Jesucristo

Él fue y es el Primer Apóstol. Ante tamaña verdad es sumamente importante que leamos la descripción del escritor divino.

"Por lo tanto, hermanos, ustedes que han sido santificados y que tienen parte en el mismo llamamiento celestial, consideren a Jesús, apóstol y sumo sacerdote de la fe que profesamos". (Hebreos 3:1).

Fue enviado del Padre para llevar a cabo la intención divina (Juan 3:16; 20:21). Jesús fue fiel en Su representación del Padre ante nosotros (Juan 4:34; 5:19; 5:30; 6:38; 8:28-29,42; 12:44-45). Se puede afirmar que el evangelio de Juan es el evangelio del apostolado de Jesucristo.

2. Los doce apóstoles del Cordero

Este grupo es muy llamativo porque fue escogido específicamente por Cristo y son llamados los *"doce apóstoles del Cordero"* (Apocalipsis 21:14).

Se destaca que sus nombres están escritos sobre los doce cimientos de la Nueva Jerusalén y tienen un lugar muy especial en la eternidad. Tienen una relación especial con la nación de Israel (Ap. 21:12). Es con ellos que tuvo principio un nuevo trato de Dios con el hombre. Ellos cerraron la era de los Profetas del Antiguo Testamento, comenzando la era de la iglesia y de los apóstoles (Mateo 19:28; Lucas 6:12-16).

3. Los doce apóstoles de la post-ascensión

En Efesios 4:11 ya notamos otro nivel de apóstoles constituidos por el Señor. Estos tendrían su función a través de la era de la iglesia y con un propósito bien definido:

"De este modo, todos llegaremos a la unidad de la fe y del conocimiento del Hijo de Dios, a una humanidad perfecta que se conforme a la plena estatura de Cristo." Efesios 4:13.

Estos apóstoles son parte del cuerpo de Cristo y constituyen, en conjunto con los otros Ministerios, el gobierno espiritual de la iglesia presente. Parece dar a entender Efesios 4 que estos son los apóstoles constituidos después de la ascensión por el Señor. Pero la verdad central aquí es que desde los primeros apóstoles hasta el presente, siempre es Dios a través de Jesucristo, quien los constituye. Siempre el apostolado es un ministerio vigente para la iglesia.

El Nuevo Testamento menciona algunos de estos Ministerios Apostólicos después de la ascensión de Jesucristo. Aquí podemos ver algunos:

- Andrónico en Romanos 16:7.

- Junias en Romanos 16.7.

- Jacobo, el hermano del Señor en Gálatas 1:19.

- Bernabé en Hechos 4:36.

- Epafrodito en Filipenses 2:25.

- Timoteo en 1 Tesalonicenses 1:1; 2:6.

- Silvano en 1 Tesalonicenses 1:1; 2:6.

- Apolo en 1 Corintios 4:6, 9.

4. *"Falsos apóstoles".*

También, como en tiempos de la iglesia primitiva, está la realidad de falsos apóstoles y maestros. Generalmente son aquellos que hacen alarde público de ser apóstoles. Aquí tenemos una descripción:

"... y que has puesto a prueba a los que dicen ser apóstoles, pero no lo son; y has descubierto que son falsos". Apocalipsis 2:2.

Esa jactancia de ser apóstol es precisamente la señal de que es un falso apóstol. Uno verdadero no tendrá interés alguno en ser reconocido, más bien sólo busca servir. *"Obreros fraudulentos"* les llama el apóstol Pablo, pues su único fin es hacer un negocio del servicio cristiano. Pero Dios nos ha dado el Espíritu Santo para que nos guíe a toda verdad. Difícilmente será engañada la verdadera iglesia de Cristo, si los cinco ministerios están funcionando plenamente. La Biblia nos autoriza a *"probar los espíritus"*, para saber si son de Dios. Debemos tener mucho cuidado ante tanta gente sin escrúpulos que entran a los ministerios por ganancia personal. Ciertamente cuando de apostolado se trata, la Biblia establece principios claros. No cualquier recién llegado es un apóstol.

Es normal que te preguntes: ¿Y qué sucede en nuestros días? Por supuesto que en este tiempo también hay ministerios apostólicos que cumplen su misión en la Iglesia de Jesucristo. Estos son ministerios que marcan el rumbo de la iglesia contemporánea. Cumplen una tarea muy especial y sus frutos están a la vista.

Actualmente podemos dar testimonio de muchas vidas que han tenido una trayectoria apostólica, y también en el presente - ministerios de calidad que hacen la diferencia. Su influencia espiritual atraviesa toda barrera denominacional y toda frontera. Ahora una cosa puedes estar seguro, estos hombres no llevan consigo un título de "apóstol" bajo el brazo (tampoco lo aceptarían), pero sí tienen un corazón de padre y una vida de servicio sacrificado por la Iglesia de Jesucristo. Son pioneros y fundadores, como San Pablo, de nuevas obras. Mal allá de las "modas ministeriales" siempre sigamos el patrón bíblico para el apostolado.

La Preparación del Apóstol

Sin duda que todo ministerio requiere preparación. Tal responsabilidad no es pequeña ni puede tomarse de manera superficial. Tampoco puede estar en manos de personas inmaduras o neófitas. Esto podría convertirse en un peligro muy dañino para la obra del Señor.

Un punto importante a aclarar es el siguiente: que aunque recibirse de un seminario bíblico, es excelente y necesario, no constituye en sí mismo una preparación eficaz y completa para el ministerio. Claro que la formación teológica y doctrinal es muy importante, pero sólo es el comienzo de una larga preparación que dura toda la vida. Una actitud correcta es que en el ministerio nunca se termina de aprender; de manera que aunque es Dios quien llama al ministerio, es responsabilidad personal del "llamado" de darle calidad a ese llamado. Y eso sólo puede lograrse apuntando a la excelencia en la preparación.

En todas las áreas de la vida se requiere especializarse. Citemos el ejemplo de un cirujano. Él no es buen cirujano cuando se recibe de la Facultad de Medicina; él va a necesitar años de experiencia y práctica para ser un excelente cirujano en su campo. Muchos quieren el ministerio sin pagar el precio. Reflexionemos sobre lo que nos dice Pablo a este respecto:

"Se dice, y es verdad, que, si alguno desea ser obispo (ministro), a noble función aspira. Así que el obispo (ministro)...No debe ser un recién convertido, no sea que se vuelva presuntuoso y caiga en la misma condenación en que cayó el diablo. Se requiere además que hablen bien de él los que no pertenecen a la iglesia, para que no caiga en descrédito y en la trampa del diablo." 1 Timoteo 3: 1, 2, 6, 7.

Dios nos ha dejado en la Biblia muy buenos ejemplos. En sus páginas vemos cómo diferentes hombres llamados por Dios a

Su servicio, debieron pasar extensos períodos de su vida en preparación para su llamado. Veamos brevemente algunos:

1. Moisés.

Aunque tuvo una preparación en su juventud para ser rey de Egipto, sin embargo, esto no fue suficiente para llevar adelante el trabajo que Jehová Dios tenia para él. Cuando llegó a los 40 años tuvo que marcharse al desierto y pasar otros 40 años de preparación para llegar a ser el estadista que Dios había planificado que fuera.

2. Josué.

Desde muy joven sirvió como fiel asistente de Moisés por muchos años y no pretendió tomar las riendas de la nación hasta que Moisés ya no estuvo presente. Josué es un claro ejemplo de saber moverse en los tiempos de Dios. Ni antes, ni después.

3. Pablo.

Este hombre fue llamado por Dios, siendo un fariseo con grandes conocimientos. Tuvo una experiencia personal con el Señor y luego un largo período de preparación para el ministerio. Vemos que aunque él recibió su llamado en el día de su conversión, no estaba listo para ser enviado.

4. Timoteo.

Este joven fue criado en un hogar cristiano desde niño y estuvo bajo la autoridad de los líderes locales hasta que empezó su preparación bajo el ministerio del apóstol Pablo.

¿Qué es Necesario para Ser Apóstol?

La preparación del Apóstol requiere lo siguiente:

1. Tener un llamado definitivo a este ministerio.

2. Tener un conocimiento profundo de las Escrituras.

3. Haber tenido un largo tiempo de preparación (varios años), y prueba al nivel local bajo un ministerio o varios ministerios para adquirir la sabiduría, el conocimiento, y la experiencia necesaria.

4. Haber terminado su preparación.

5. Tanto su llamado, como el tiempo de su envío tienen que ser reconocidos por los ministerios que tienen autoridad sobre él.

6. La iglesia que lo envía se identifica y participa con él en su ministerio (vea Hechos 13:1-3).

7. El apóstol se mueve en el poder del Espíritu para hacer la obra a la cual Dios le ha llamado.

Los Requisitos del Apóstol

Todo ministerio de gobierno y autoridad en la Iglesia de Jesucristo, está sujeto primeramente, a los requisitos delineados por San Pablo en la epístola a Timoteo, y que también son establecidos en la primera epístola de San Pedro. Repasar su lectura nos arrojará luz y claridad a este respecto:

"Se dice, y es verdad, que, si alguno desea ser obispo, a noble función aspira. Así que el obispo debe ser intachable, esposo de una sola mujer, moderado, sensato, respetable, hospitalario, capaz de enseñar; no debe ser borracho ni pendenciero, ni amigo del dinero, sino amable y apacible. Debe gobernar bien su casa y hacer que sus hijos le obedezcan con el debido respeto; porque el que no sabe gobernar su propia familia, ¿cómo podrá cuidar de la iglesia de Dios? No debe ser un recién convertido, no sea que se vuelva presuntuoso y caiga en la misma condenación en que cayó el diablo. Se requiere además que hablen bien de él los que no pertenecen a la iglesia, para que no caiga en descrédito y en la trampa del diablo." 1 Timoteo 3:1-7.

"A los ancianos que están entre ustedes, yo, que soy anciano como ellos, testigo de los sufrimientos de Cristo y partícipe con ellos de la gloria que se ha de revelar, les ruego esto: cuiden como pastores el rebaño de Dios que está a su cargo, no por obligación ni por ambición de dinero, sino con afán de servir, como Dios quiere. No sean tiranos con los que están a su cuidado, sino sean ejemplos para el rebaño. Así, cuando aparezca el Pastor supremo, ustedes recibirán la inmarcesible corona de gloria." 1 Pedro 5:1-4.

Pedro y Pablo, como columnas de la iglesia de Jesucristo, nos dejan pautas claras. Estos requisitos se aplican a todos los ministerios constituidos por el Señor en Efesios 4:11, y que son ministerios de Gobierno y Autoridad. Un rasgo a notar es que no son sólo requisitos para los pastores, sino para los cinco ministerios.

Agregamos otros requisitos importantes:

1. El Apóstol debe tener un corazón de padre. La Biblia dice que el padre nutre, amonesta, es afectuoso, y es

tierno con el pueblo de Dios. (1 Co. 4:15; Fil. 2:22; Ef. 6:4; 1 Ts. 2:6-8, 11).

2. El Apóstol debe tener un profundo amor y lealtad para la Iglesia de Dios. Esto nos lleva a resaltar un punto muy importante: que debe ser un ministro que ame más a la iglesia que a su propio ministerio. (1 Co.13).

3. El Apóstol debe ser paciente. Por su conocimiento y su madurez le puede ser fácil impacientarse con aquellos que no son maduros en su proceder (2 Co. 12:12).

4. El Apóstol no busca su propia gloria. Siempre buscará que los demás dependan del Señor y no de él mismo. (1Ts. 2:6; 1 Co. 4:9; 2 Co. 10:8).

5. El Apóstol debe tener un corazón de servidor (siervo). La actitud de un siervo es un profundo deseo de que los demás estén bien y sean felices. El Apóstol se caracteriza por su humildad, sacrificio, y fidelidad. (Ro. 1:1; Fil. 1:1; 1 Co. 4:9; 2 Co. 10:18; 11:22-23).

El Ministerio del Apóstol

Veamos algunos rasgos más acerca del ministerio apostólico, especialmente aquellos que demuestran de manera sobresaliente sus frutos. Por ejemplo, el ministerio de un apóstol demuestra:

- Una manifestación sobresaliente de los dones espirituales.

- Una experiencia personal y profunda con el Señor.

- Una habilidad y poder para establecer iglesias.

- Una capacidad de proveer liderazgo espiritual en el cuerpo de Cristo.

Cuando estudiamos acerca de este ministerio en el Nuevo Testamento, podemos apreciar que los ministerios de los apóstoles fueron diversos y variados. Dentro de esa variedad, sin embargo, encontramos puntos aplicables a todo ministerio apostólico que suman la obra y ministerio del apóstol. Los desglosamos aquí:

1. Fundar y establecer iglesias sobre buenos cimientos. Esto puede involucrar el iniciar nuevas obras, o el fortalecer las que ya están. (1 Co. 3:9-14; Ef. 2:20; 1 Co. 9:1-2; 11:34).

2. Buscar y establecer la exactitud doctrinal en la iglesia. (Hch. 2:42; 15:1-31).

3. Se verán las señales de un apóstol manifiestas en su ministerio (Ro. 15:18 -19; 2 Co. 12:12).

4. Involucrarse en la disciplina, a veces; particularmente en relación a las iglesias que él ha fundado (Hechos 5:1-11).

5. Involucrarse en la ordenación y reconocimiento de otros ministerios y oficios (Hch. 6:1-6; 14:23; Tito 1:5).

6. Involucrarse en la alimentación y entrenamiento de otros ministerios (2 Ti.2:2). A veces esto requiere tener que seleccionar obreros para enviarlos a otros lugares de trabajo (Hch. 16:1-4; Fil. 2:19-25; Col. 4:7-12).

7. Involucrarse en el cuidado de las iglesias que él ha fundado (2 Co. 11:28).

8. Ser un padre para las iglesias con el fin de conducirlas a la madurez en Cristo. No es un dictador (1 Co. 16:12).

Es importante entender que el ministerio apostólico, tiene la capacidad para funcionar en cada uno de los ministerios gubernamentales. En ocasiones tendrá que funcionar como evangelista en un campo nuevo, otras veces como un pastor en alguna iglesia, o como maestro al traer enseñanza a la Iglesia. Puede tener un mensaje profético para la iglesia. Lo cierto es que su función será muchas veces multifacética en las diferentes áreas del cuerpo de Cristo.

El Reconocimiento del Apóstol

Por el bien de su amada Iglesia el Señor Jesucristo está vitalmente involucrado con cada Ministerio que él ha constituido. No podría ser de otra manera, pues Él es la Cabeza y es Señor sobre todos los ministerios.

Él en su Soberanía es quien determina el tipo de ministerio, la duración de su función y la esfera de su influencia.

Por supuesto que no todos los apóstoles son reconocidos por la totalidad del cuerpo de Cristo. Aún Pablo con todas sus credenciales no lo fue (1 Co. 9:1-3).

Allí donde Pablo produjo fruto apostólico, era recibido y reconocido como apóstol. Es posible ser reconocido por un grupo y por otros no ser reconocido. Todas estas situaciones son propias de nuestras iglesias y ministerios de hoy.

¿Quién debe Reconocer a un Apóstol?

Hay algunos indicadores claros:

- Él mismo debe estar seguro de su ministerio. Todo hombre llamado por Dios tiene una convicción interior más fuerte que cualquier obstáculo en su contra.

- Sus líderes locales deben reconocerlo.

- La gente de su propia iglesia.

- Aquellos a quienes él ha fundamentado y establecido.

6.
El Profeta

Efesios 4:11 continúa enumerando estos ministerios tan esenciales para el cuerpo de Cristo. Allí se nos dice que:

"Él mismo constituyó... a otros, profetas."

El ministerio de profeta en la Iglesia es muy necesario para que esta llegue a la madurez espiritual. No obstante, hay muchos malos entendidos, concerniente al tema de profetas y profecías en la iglesia. Esto se debe principalmente a que no hay enseñanza. Siempre la falta de enseñanza produce confusión y excesos.

Así que hablando de manera gradual, no se entiende lo que es profecía, lo que es un profeta, ni lo que es el "don" de profecía. Tristemente, esta confusión causa que se pierda el valor y beneficio de este importante ministerio en la Iglesia de Jesucristo.

Definiendo el término:

El ministerio profético tiene sus raíces en el Antiguo Testamento. Para entender lo que es un profeta se necesita primeramente entender lo que es la profecía. También de manera objetiva, se necesita entender lo que "no es" profecía. Se puede ver claramente que profecía es más que una predicación inspirada o una mera predicción futurista.

En el Antiguo Testamento hay varias palabras hebreas que son las más usadas y que nos interesa estudiar aquí:

"rabá" - Aparece más de 400 veces en el Antiguo Testamento. Quiere decir "borbotear", "brotar", "derramarse". Esta palabra parece denotar la naturaleza extática de la palabra profética.

"nataf" - Esta palabra quiere decir "caer, caer como las gotas de la lluvia". Enfatiza el origen divino de la profecía. Se utiliza para decir "lluvia" o "profecía".

Estas dos palabras hablan del origen divino de la palabra profética. Así como la lluvia cae del cielo para regar la tierra, Dios dio palabras a Sus profetas para que ellos fueran Sus voceros en la tierra.

En el Nuevo Testamento vemos algunas palabras que dan claridad al significado de este término. Consideremos estos términos en el griego.

-propheteia (profecía), significa la proclamación de la mente y consejo de Dios. En el Antiguo Testamento gran parte de la profecía fue predictiva, pero también es declarativa. Es la declaración de aquello que no se puede conocer por medios naturales. Esta proclamación de la voluntad de Dios puede ser

con referencia al pasado como al presente o al futuro (Mt. 13:14; 1 Co.14:6, 22; 1 Ts. 5:20; 1 Ti. 1:18; 2 P. 1:20, 21; Ap. 1:3; 19:10; 22:7).

-propheteuo (profetizar). Habla de alguien que profetiza; que "proclama" los consejos divinos ya sean "predictivos" o "declarativos" (uso declarativo: Mt. 7:22; 1 Co. 11:4, 5; 13:9; 14:1, 3-5, 24, 31, 39; Ap. 11:3; uso predictivo: Jn. 11:51; 1 P. 1:10; Jud. 14).

-prophetikos (profética), esto habla de la profecía, o lo relacionado con ella, o lo que procede de un profeta, se utiliza de las escrituras del Antiguo Testamento (ver Ro. 16:26; 2 P. 1:19). Este último verso nos habla de *"la palabra profética más segura"* (VRV), confirmada por la persona y obra del Señor.

-prophetes (profeta). Uno que habla pública o abiertamente, un proclamador de un mensaje divino, entre los griegos, a un intérprete de los oráculos de los dioses.

En el Antiguo Testamento a los profetas se les llamaba "videntes" (1 Sam. 9:9), indicando que el profeta era una persona que tenía una relación inmediata con Dios. A tal persona le era comunicado el mensaje del Señor para su proclamación. Por lo general, el profeta era alguien sobre quien reposaba el Espíritu de Dios (Nu. 11:17-29). El profeta era uno a quién y por medio de quién, Dios hablaba (Am. 3:7, 8). Los profetas del Antiguo Testamento mayormente proclamaban los propósitos divinos de salvación y gloria dispuestos para el futuro.

Los profetas del Nuevo Testamento proclaman los consejos de la gracia de Dios ya cumplidos y el anuncio anticipado de los propósitos de Dios para el futuro.

Tres conclusiones importantes acerca del mensaje del Profeta:

– El mensaje del profeta es una revelación directa de la mente de Dios para la ocasión o circunstancia. El mensaje del Maestro es tomado de la revelación escrita, es decir, de la Biblia.

–Todo mensaje, ya sea profético o de enseñanza, debe estar de acuerdo con la Palabra escrita para que tenga validez.

–Todo mensaje o enseñanza se juzga según la Palabra de Dios, que es la palabra final.

También debemos agregar que el profeta recibe su llamado específica y personalmente de Dios. La iniciativa de formar un profeta es de Dios mismo y únicamente el profeta se adjudica el título de profeta (Ex. 3; Is. 6). El objetivo primario y efecto del llamado es una introducción a la presencia de Dios. Esto se llama estar en *"el consejo"* o *"en el secreto"* del Señor (1 R. 22:19; Jer. 23:22; Am. 3:7). El profeta está ante los hombres como uno que ha estado en la misma presencia de Dios (1 R. 17:1; 18:15).

Niveles de Profecía

Ahora nos detendremos para considerar que hay cuatro niveles de profecía en las Escrituras. Para entender la diferencia entre los dones del Espíritu, y el ministerio del Profeta como parte del don de Cristo, analicemos estos cuatro niveles de profecía:

1. El Espíritu de profecía.

"...¡Adora solo a Dios! El testimonio de Jesús es el espíritu que inspira la profecía". Apocalipsis 19:10.

Este texto nos enseña que el espíritu de la profecía, es el manto de la unción profética del Espíritu Santo que se puede manifestar sobre un creyente (o un cuerpo de creyentes que le da la habilidad de profetizar la Palabra de Dios (el testimonio de Jesús). Sin esta investidura especial y ocasional, el creyente normalmente no profetizaría. Todos los creyentes pueden funcionar en esta capacidad, pero esto no quiere decir que ya son profetas (Nm. 11:29; 1 Co. 14:24,31; 12:29). Un ejemplo de esto lo tenemos en la vida del rey Saúl que llegó junto a una compañía de profetas y fue influenciado por la unción que allí estaba operando sobre ellos, y empezó también a profetizar (1 S. 10:10; 19:20,21). Sin embargo, sabemos que Saúl no era precisamente un profeta.

2. El don de profecía

"... a otros, profecía...". 1 Corintios 12:10.

Este es uno de los nueve dones del Espíritu y opera bajo los mismos principios que los demás dones del Espíritu. Todo creyente puede funcionar en este don, pero sí hay ciertas limitaciones puestas sobre su función y uso. Cuando el creyente ejercita este don (Hch. 2:18), debe limitarse a la edificación, la exhortación, y la consolación (1 Co. 14:3). Esto es muy importante en el ejercicio de este don en la iglesia local. Estos tres principios son, según San Pablo, los únicos válidos para una profecía verdadera. Esto nos ilumina el por qué hay tanta charlatanería al respeto, 'profetizando' en algunas ocasiones algunos, verdaderas cosas sin sentido. Si seguimos estos principios siempre la iglesia será edificada.

Cualquier cosa fuera de este patrón bíblico pertenece a otro nivel de profecía, y se debe reservar para el ministerio del profeta. La operación del *"don de profecía"* en el creyente no lo constituye en profeta. Son dos cosas diferentes.

3. El ministerio del profeta

"Él mismo constituyó a unos, ...profetas." Efesios 4:11.

El ministerio de profeta tiene que ver con "el llamado" de Dios sobre la vida de la persona, y no está limitado sólo a las áreas de la edificación, la exhortación, y la consolación. El profeta puede operar también en los terrenos personales de la dirección confirmadora, represión, juicio, corrección, aviso y revelación. Siempre este ministerio se pone al lado de la pastoral para edificar los cimientos de una congregación firme. Desarrollando sus miembros con una sana enseñanza ungida por el Espíritu Santo.

4. La profecía de la Escritura

"Esto ha venido a confirmarnos la palabra de los profetas, a la cual ustedes hacen bien en prestar atención, como a una lámpara que brilla en un lugar oscuro, hasta que despunte el día y salga el lucero de la mañana en sus corazones. Ante todo, tengan muy presente que ninguna profecía de la Escritura surge de la interpretación particular de nadie. Porque la profecía no ha tenido su origen en la voluntad humana, sino que los profetas hablaron de parte de Dios, impulsados por el Espíritu Santo." 2 Pedro 1:19-21.

Esta es la forma más perfecta y alta de la profecía. A todo esto le suma San Pablo también su revelador punto de vista:

"Toda la Escritura es inspirada por Dios." 2 Timoteo 3:16.

Aquí se usa el término: ***"theopnesutos"*** (theos – Dios, y pneo – respirar), que quiere decir "el soplo de Dios" o "el respiro de Dios".

Así que es importante dejar establecido, que este tipo de profecía es "inerrante" e "infalible". Este tipo ya es completa y

¡no se da más! La Palabra de Dios nos ha sido dada en su totalidad y es completa desde el Génesis hasta el Apocalipsis (ver Ap. 22:18, 19). Toda otra forma y ministerio de profecía debe de estar en total acuerdo con la Escritura que es la infalible Palabra de Dios.

Podemos verlo de una manera más práctica todavía. La Biblia dice:

"En cuanto a los profetas, que hablen dos o tres, y que los demás examinen con cuidado lo dicho." 1 Corintios 14:29.

Este es un principio apostólico para el ministerio de los profetas descrito en la Biblia y continúa siendo vigente. ¿Cómo debían ellos juzgar o examinar las profecías? Sin duda que debían hacerlo según el criterio de las Escrituras. La Palabra de Dios escrita, es la regla, la medida, que nos da los parámetros de lo que es de Dios. Toda profecía debe tener respaldo y autoridad escritural. Si no la tiene ¡no es de Dios!

Cristo, el Modelo para el Profeta

Consideremos aquí algo que tiene un alcance espiritual muy poderoso para un ministerio eficaz. El ministerio de Profeta en el Nuevo Testamento es una medida del don de Cristo. Por esto es muy importante que consideremos a Jesús como el Profeta modelo cuya vida es un ejemplo intachable.

- Fue llamado Profeta por Dios mismo (Dt. 18:15,17; Hch 3:22).

- Fue reconocido por muchos como Profeta (Jn. 4:19; 6:19; 7:40).

- Fue el vocero de Dios aquí en la tierra (He. 1:1, 2; 12:1, 2).

- Sólo habló las cosas que el Padre le dijo (Jn. 12:49; 14:10).

- Cristo proclamó el consejo de Dios y también hizo declaraciones predictivas acerca del futuro (Lc. 11:49; Mt. 24:1-51).

De manera que el Señor Jesucristo fue y es el mayor Profeta. Este ministerio del Señor ha sido dado a la Iglesia en la forma de los ministerios proféticos del Nuevo Testamento.

El Ministerio del Profeta

Estudiando la Palabra de Dios podemos saber cuál es la función del profeta en la Iglesia contemporánea. Al examinar las Escrituras podemos ver siete cosas que caracterizan el ministerio del profeta.

1. El ministerio del profeta varía de profeta en profeta.

¿Qué queremos afirmar con esto, o de que se trata? De que en la realidad ministerial no existen dos ministerios proféticos exactamente iguales.

Dicha realidad se ve primeramente en sus mismos nombres y títulos. A veces se les llamaba "videntes" (1 S. 9:9), otras veces eran llamados "mensajeros" (Is. 42:19), "varón de Dios" (1 R. 12:22), o "siervo" (Is. 20:3).

También se ve la diferencia en los diferentes modos de revelación en que los profetas operaban.

- Visionarios: Veían cosas como visiones en el espíritu. Estos son los casos de Ezequiel, Daniel y Zacarías que eran profetas de visión y con un alto contenido futurista y apocalíptico.

- Verbales: Porque la Palabra de Dios les venía en una manera audible, o tal vez, lo escuchaban en su oído espiritual. Miqueas, e Isaías eran profetas verbales.

- -En trance: Son los que recibían la revelación cuando estaban en un trance. Daniel, Abraham (Gn. 15:12) y el apóstol y profeta Juan, tuvieron esta experiencia.

En todos los casos hay una gran variedad en la forma en que comunicaban el mensaje que Dios les daba. Su cometido era darlo a quienes Dios les ordenaba hacerlo.

Algunos daban el mensaje verbalmente, ya sea hablado o escrito.

Otros se involucraban en acciones proféticas que dramatizaban sus mensajes (Is. 20:1-6; Ez. 21:11).

Hay casos en que algunos, con la historia de sus propias vidas, demostraron el trato de Dios con Su pueblo. Es el caso que podemos ver en las vidas de Oseas y Joél. Y en el Nuevo Testamento vemos a Agabo dramatizando lo que le pasaría a Pablo al ir a Jerusalén, con una acción profética (Hch. 21:10-11).

Concluyendo este apartado, en Hechos capítulo 21, vemos lo que es el "espíritu de profecía" manifestado en los creyentes: *"Ellos, por medio del Espíritu, exhortaron a Pablo a que no subiera a Jerusalén"* (v.4).

También vemos la manifestación del *"don de profecía"* en las hijas de Felipe, el evangelista (vv. 8 y 9). Finalmente también vemos a Agabo en *"el ministerio de Profeta"* (vv.10 y 11).

En el contexto de este pasaje mencionado, podemos ver la experiencia mancomunada de tres ministerios gubernamentales en el seno de la Iglesia. Pablo, el apóstol; Agabo, el profeta; y a Felipe, el evangelista.

2. El Ministerio del profeta involucra *"revelación"*.

Así como el Profeta Natán amonestó a David sobre ciertas cosas en su vida (2 S. 12), que le fueron reveladas sobrenaturalmente, también los profetas del Nuevo Testamento escuchan la voz de Dios en una forma especial. Esto involucra revelación y un entendimiento profundo de la Palabra de Dios. A veces involucra la revelación de hechos e información acerca de las vidas de personas, sus pecados y problemas (Hch. 21:10-11; 1 Co. 14:24-25).También puede involucrar, a veces, la revelación de eventos futuros (Hch. 11:27-30).

3. El Ministerio de un Profeta involucra *"exhortación"*.

De la misma manera en que Hageo y Zacarías exhortaron al pueblo a que reconstruyeran las ruinas de la ciudad, y el templo en los tiempos del Antiguo Testamento. Los profetas del Nuevo Testamento continuamente también incitan y exhortan al pueblo de Dios para que terminen la obra del ministerio (1 Co. 14:3; Ef. 4:11-12; Esd. 5:1; 6:14).

4. El Ministerio de un profeta involucra "revelación".

En algunas oportunidades Dios en su infinita misericordia, revela algo particular al profeta, como es el caso de Pablo y su convicción de viajar a Jerusalén. En otros, tiene que ver con algún aviso al pueblo de algún peligro inminente. De esta forma el pueblo de Dios puede estar preparado para lo que viene (Hch. 21:8-11; 11:27-30).

5. El Ministerio de un profeta involucra "La impartición de visión" al pueblo de Dios.

Dios al tratar con su pueblo, da dirección a través de sus profetas quienes imparten el Consejo y la visión de Dios. Como podemos apreciar, siempre será basada en un claro conocimiento de la Palabra de Dios. Apunta además, a la obediencia que agrada a Dios. Para una visión clara será necesario un corazón sano. (Pr. 29:18; Jer. 4:14, 23:6).

6. El Ministerio de un profeta involucra "*El fundamentar y establecer iglesias*".

El profeta, junto con el apóstol, trabaja para cimentar la Casa de Dios (Ef. 2:20; 3:5).

De la misma manera, también trabaja para confirmar y consolar iglesias (Hch. 15:32, 41).

También el profeta confirma y envía ministerios (Hch. 13:1-3).

7. El Profeta puede ministrar juntamente con otros ministerios.

A veces los vemos trabajando en equipos ministeriales. Esta es una característica normal en el ministerio de la iglesia como vemos en el relato de los Hechos y también en el modelo ministerial de Jesús. (Hch. 11:27-30; 13:1; Mt. 10:5).

Principios a Tener en Cuenta para el Ministerio Profético

Se trata aquí de señales muy importantes a tener en cuenta para el pueblo de Dios:

– Una actitud correcta hacia el ministerio profético. Jesús destacó la importancia de honrar a un profeta (Mt. 10:41; 13:57,58).

– El otro aspecto para el pueblo de Dios es que se cuide de los falsos profetas (Jer. 5:30, 31; 14:13-18; 23:9-40; 23:9-40; Ez.13; Mt. 7:15; 24:11, 24).

Otra consideración es que por la naturaleza del ministerio del profeta en cuanto a la revelación y la manifestación de los dones espirituales, el Señor nos da exhortaciones muy fuertes. Ningún ministerio se juzga por sus señales y maravillas. Estas pueden ser engañosas. Satanás puede imitar ciertas obras del Espíritu de Dios y engañar a muchos (Mr. 13:22). Muchas iglesias temen al ministerio profético, probablemente por un desconocimiento de las Escrituras. Lo correcto es que, ejerciéndolo con conocimiento bíblico, el cuerpo adquiere madurez y aprende a discernir. Eso es sumamente edificante y la iglesia crece en sabiduría.

Para el profeta:

-Que ejerciten discernimiento y dominio propio (1 Co. 14:32). Que usen sabiduría con lo que Dios les muestra y les dice, para que esto sea de bendición y fortaleza para el pueblo de Dios.

-Que permitan que su ministerio sea juzgado (1 Co. 14:29). Nadie es infalible. La Biblia enseña que toda profecía debe ser juzgada. Cabe destacar que estas instrucciones ponen a prueba el carácter de humildad y madurez de quienes profetizan.

Podemos sugerir por lo menos seis preguntas que deben hacerse al recibir un mensaje profético, o una profecía, lo cual nos ayudará a tener certeza de su veracidad:

- -¿Está en armonía con la Palabra de Dios?

- -¿Fue dado en un buen espíritu? (Ro. 8:14).

- -¿Se cumple lo que dice Deuteronomio 18:22?

- -¿Se ve en la vida del profeta dedicación y consagración al Señor?

- -¿Da testimonio el Espíritu Santo de su veracidad (1 Jn. 2:20-22)?

- -¿Hay confirmación de parte de testigos (2 Co. 13:1)?

Claro está que si el profeta no está dispuesto a ser sometido a la prueba, es falso.

Esto no quiere decir que debamos rechazar este ministerio en nuestros días. En este tiempo también hay profetas en la iglesia de Jesucristo - hombres con un mensaje que proclaman el consejo y el corazón de Dios. Esto es así porque Dios es Él mismo y Su carácter y plan para la iglesia no cambian.

7.

El Evangelista

"Él mismo constituyó...a otros, evangelistas."
Efesios 4:11.

Hay ciertos términos y ministerios que son más conocidos que otros. Por ejemplo, se piensa que ya no hay apóstoles y profetas. El resultado ha sido una falta de reconocimiento de estos ministerios y por consecuencia el cuerpo de Cristo, en general, ha sufrido la falta de enseñanza y ministración por parte de ellos. Podemos ver en la Palabra que estos ministerios son vigentes y muy necesarios en la Iglesia en este tiempo.

Los términos "evangelista", "pastor", y "maestros" son conocidos por el mundo evangélico y casi todos los creyentes tienen una idea formada de lo que ellos 'piensan' o 'creen' que estos ministerios son y lo que deben hacer. Desafortunadamente, es posible tener un punto de vista formado por la tradición en lugar de un conocimiento claro de las Escrituras. A veces, nuestro tradicionalismo no nos permite escudriñar la Palabra objetivamente. Debemos tratar de evitar quitarle la efectividad de la Palabra en nuestras vidas por mantener tradiciones que no tienen fundamento bíblico.

Vamos a ver por otra parte, que al considerar el ministerio del evangelista, tenemos un problema muy especial. Siempre sucede que todos tienen un punto de vista sobre lo que un evangelista es y debe hacer en cuanto a su ministerio. Hay todo tipo de definiciones respecto al tema. El Nuevo Testamento habla poco acerca de este ministerio.

En realidad veremos que solo hay tres escrituras que contienen el término "evangelista".

- Efesios 4:11. Nos habla de *"un don ministerial de Cristo"*.

- Hechos 21:8. Se refiere al ministerio de *"Felipe, el evangelista"*.

- 2 Timoteo 4:5. Aquí Pablo le dice a Timoteo (pastor de una iglesia) que haga *"la obra de evangelista"*.

También será un buen ejercicio considerar dos ejemplos: Al Señor Jesucristo como el Evangelista supremo y a Felipe, el evangelista.

Definiendo el término:

Hay tres formas de uso en griego del Nuevo Testamento, que podemos considerar. De estas palabras se derivan los términos que conocemos en español. Al estudiarlas, tendremos un entendimiento más claro de lo que el evangelista es y debe hacer, ya que resumiendo su función, el evangelista tiene un mensaje muy importante para el mundo - ¡la buena noticia de Jesucristo!

-*"euangelizo"* (evangelizar). Literalmente significa traer o anunciar buenas nuevas. Esta palabra es "descriptiva del ministerio del evangelista" (Mt. 11:5, *"es anunciado el evangelio"*; Ro. 10:15, *"los que anuncian buenas nuevas"*; 2 Co. 10:16, *"anunciaremos el evangelio"*; Ef. 3:8, *"anunciar entre los gentiles el evangelio"*; He. 4:2, *"se nos ha anunciado la buena nueva"*). En cierto sentido todos tenemos este ministerio, pero el evangelista es un 'especialista' en esta tarea.

-*"euangelion"* (evangelio). Esto significa "buenas nuevas" o "un buen mensaje". Esta palabra es "descriptiva del mensaje" que el evangelista trae - las buenas nuevas de la gracia salvadora de Dios hecha posible en la muerte expiatoria, sepultura, resurrección, y ascensión de Jesucristo. (Evangelio: Mt. 24:14; Hch. 20:24; Ro. 1:16; 1Co. 4:15; Ef. 1:13).

-*"euangelistes"* (evangelista). También de manera literal, quiere decir, un mensajero de lo bueno (eu, bien - angelos, mensajero), un predicador del "evangelio". Esta palabra es "descriptiva del hombre" y se traduce "evangelista" en Ef. 4:11; Hch. 21:8; y en 2 Ti. 4:5.

Griego	Significado	Descripción
Euangelizo -	anunciar la buenas nuevas -	El ministerio
Euangelion -	un buen mensaje, las buenas nuevas -	El mensaje
Euangelistes -	un mensajero de lo bueno -	El hombre

Cristo como el Evangelista

De una manera sublime, el evangelio de Lúcas presenta a Cristo como el Evangelista. El término *"euangelizo"* ocurre diez veces en este libro. Lúcas hace un resumen del ministerio de Evangelista de Cristo en esta escritura:

"El Espíritu del Señor está sobre mí, por cuanto me ha ungido para anunciar buenas nuevas a los pobres. Me ha enviado a proclamar libertad a los cautivos y dar vista a los ciegos, a poner en libertad a los oprimidos, a pregonar el año del favor del Señor." Lucas 4:18-19.

Aprendemos aquí seis cosas que caracterizan el ministerio de Jesús:

- 1-Predicar el evangelio.

- 2-Sanar a los quebrantados de corazón.

- 3-Predicar libertad a los cautivos.

- 4-Dar vista a los ciegos.

- 5-Poner en libertad a los oprimidos.

- 6-Predicar el año agradable del Señor.

Así Lucas deja reflejado en su evangelio que este es el propósito esencial por el cual Cristo fue enviado a nosotros (Lc.4:43; 7:22; 8:1; 20:1). Este ministerio de Cristo fue dado a la iglesia. Así que el cuerpo de Cristo, necesita que este ministerio esté funcionando en él, con toda su plenitud y poder espiritual que hacen libres a los hombres.

El Ministerio del Evangelista

Si queremos alcanzar un mayor entendimiento de lo que es el trabajo del evangelista, tendremos que analizar el único ejemplo que tenemos en el libro de los Hechos. Felipe es el único que es específicamente llamado evangelista (Hch.21:8), lo que nos lleva a sacar de su ministerio valiosísimos principios que nos servirán de modelo o ejemplo. En Hch.6:16; 8:26- 40 y Ef. 4:11-16, tenemos tres cosas relacionadas con lo que es un ministerio Evangelístico.

La Preparación del Evangelista

Ver Hechos. 6:1-6.

Debe haber un largo período de preparación para todo ministerio. El llamado es del Señor, pero la preparación es un proceso. Cristo llama al ministerio. La responsabilidad de darle calidad al llamado es de uno mismo.

Tenemos el ejemplo de Felipe:

- - -Felipe primero perteneció a una iglesia local. La iglesia de Jerusalén fue su hogar hasta que tuvo que salir por la persecución. Después se estableció en Cesarea.

- - -Felipe fue un hombre de carácter probado en la iglesia. Nos dice el escritor sagrado de Felipe que era: *"... de buen testimonio, lleno del Espíritu Santo y sabiduría"*. ¡Qué descripción más completa para un hombre de Dios!

- - -Felipe tenía un corazón de siervo. Estaba dispuesto a trabajar sirviendo a otros. Tenía un corazón compasivo que respondía a las necesidades espirituales y a las necesidades físicas de las personas en su iglesia.

- -Felipe, antes de salir de la esfera de su iglesia, sirvió como diácono en su congregación. Estuvo sujeto a autoridad y no se lanzó al ministerio Evangelístico hasta que Dios lo sacó de Jerusalén. Más adelante (capítulo 8) podemos ver que permanece sujeto a la autoridad de los apóstoles. Pedro y Juan van a Samaria para ver lo que estaba pasando y ministraron el bautismo en el Espíritu Santo. Aparentemente Felipe no funcionaba en esta ministración y se sujetó a la autoridad ministerial de los apóstoles.

Nadie puede ejercer autoridad sin primero haber aprendido a estar bajo autoridad. No se tiene autoridad ministerial sin estar bajo autoridad.

El Evangelista y su Ministerio Público

Siempre se dirige hacia los perdidos (Hch.8:4-25). Podemos ver en este contexto que el campo de Samaria ya estaba listo para la cosecha. Cristo y la mujer samaritana ya habían sembrado la semilla del evangelio (Jn.4:39-42), en ese lugar.

Por ello, Felipe tuvo una gran cosecha en ese lugar. Por otra parte también es notable analizar que Felipe tenía un solo mensaje, tanto para las multitudes, como para un individuo; es decir, "Cristo" y Su "evangelio" (Hch. 8:5 y 35).

Continuando con las características del ministerio público de Felipe podemos puntualizar algunas otras muy importantes:

- -Las señales y maravillas confirmaban su mensaje (Mr. 16:15-18; Hch.8:6-7). El ministerio evangelístico sobresale en la manifestación de milagros, sanidades, y liberaciones - esto de acuerdo con la promesa del Señor Jesucristo. El mensaje de salvación incluye la sanidad, liberación, y vida para el hombre total. Es un mensaje transformador para el espíritu, el alma y el cuerpo. Dios siempre confirma Su Palabra (Mr. 16:20).

- -La predicación de la Palabra de Dios produjo el fruto de la salvación: gozo, un verdadero arrepentimiento, fe en Cristo y una entrega de sus oyentes en consagración al Señor.

- -El ministerio de Felipe, llevaba a los conversos a un paso más, un compromiso concreto que se demostraba en las aguas bautismales. Podemos ver que parece que Felipe siempre bautizaba a los nuevos creyentes; era fiel en llevarlos a un compromiso total con el Señor (Hch. 8:14-13; 36-38).

- -También es notable que Felipe era suficientemente humilde como para reconocer sus limitaciones. El vio que toda esa gente necesitaba el bautismo en el Espíritu Santo, y aparentemente él no se sentía capacitado para ministrarlo. Pedro y Juan fueron a Samaria y les impusieron las manos para que recibieran la promesa del Espíritu Santo (Hch.8:14-17). Podemos también observar que luego los organizaron en iglesias porque después se habla de la iglesia en Samaria (Hch.9:31).

Realmente es apasionante imaginarnos mientras leemos su biografía, tantos rasgos espirituales que hacen sobresalir sus actitudes ministeriales:

1. Enfatizamos que él reconocía las limitaciones en su ministerio. No pretendía hacerlo todo él mismo. En las áreas en que él era fuerte, actuaba con autoridad.

2. Su servicio era con una actitud dispuesta a trabajar con otros ministerios, de manera que no estaba solo; pertenecía a su iglesia y estaba bajo autoridad. No pensaba que él era la totalidad del cuerpo de Cristo. Lo cual es una gran lección para los diferentes ministerios en la iglesia de nuestros días. Vemos que cuando Felipe necesitó ayuda, la recibió.

3. Fue responsable y no dejó a este grupo de nuevos convertidos sin que alguien estuviera para atenderlos. La meta era de establecerlos en una iglesia bien fundamentada y constituida. Felipe no los dejó hasta que el Señor se lo indicó claramente (Hch.8:26).

El Ministerio Privado del Evangelista

Un ángel del Señor le dijo a Felipe: *"Ponte en marcha hacia el sur, por el camino del desierto que baja de Jerusalén a Gaza".* Felipe emprendió el viaje, y resulta que se encontró con un etíope eunuco, (Hechos 8:26,27).

Como decíamos anteriormente, la personalidad de Felipe y su actitud de obediencia nos inspira. Creo que nos hace anhelar el poseer ese fervor y rapidez para obedecer las instrucciones que recibía del Señor.

Aquí se trata de su ministerio privado hacia el individuo - como sucede con este etíope en el tiempo perfecto de Dios.

El ministerio de un evangelista debe ser poderoso ante las multitudes, pero también debe ser un efectivo ganador de vidas individuales. Si no lo es, su ministerio está fuera de balance. Tenemos el ejemplo del Señor Jesús - el primer Evangelista. Él ministraba a multitudes, pero era sumamente efectivo en su trato con individuos. Esto nos habla del carácter de Dios - un

Dios personal que tiene sumo interés en el ser humano como persona. Dios siempre busca un trato personal con cada ser humano. Se nota que Felipe entendía este principio. Predicaba el evangelio a las multitudes y a la misma vez estaba dispuesto a compartir el mensaje a un individuo. Dondequiera que se encontraba, Felipe compartía *"las buenas nuevas"* (Hch.8:40).

En este aspecto la enseñanza que aprendemos de la vida y ministerio de Felipe, es que el evangelista debe ser siempre sensible a la guía del Espíritu Santo, para poder ministrar a gente ya preparada. Jesús dijo acerca del Espíritu Santo: *"Y, cuando él venga, convencerá al mundo de su error en cuanto al pecado, a la justicia y al juicio."* San Juan 16:8.

El Espíritu Santo prepara a las personas, prepara el terreno para recibir la semilla de la Palabra. Es maravilloso ver los resultados cuando el siervo trabaja en combinación y obediencia al Espíritu de Dios. Notemos dos hechos substanciales aquí:

1. El corazón de la gente de Samaria estaba preparado.

2. El corazón del eunuco estaba preparado.

Por lo tanto, el fruto estaba maduro. Y como suele decirse a modo de ilustración: "cuando el fruto está maduro, prácticamente se cae solo".

Como a todos los otros ministerios les compete, el evangelista debe conocer bien su herramienta principal, es decir, la Palabra de Dios. Felipe estaba totalmente familiarizado con las Escrituras a tal punto que podía predicar a Cristo desde cualquier pasaje bíblico. Es lo que podemos apreciar en su encuentro con el funcionario etíope. El evangelista es un obrero escogido, pero las herramientas que Dios ha puesto en sus manos son la Palabra y el Espíritu. Ambos son necesarios para llevar a cabo la obra.

La Responsabilidad del Evangelista al Cuerpo de Cristo

Ver Efesios 4:11-16

El ministerio a los perdidos siempre es el corazón del evangelista. Sin embargo, este ministerio también fue dado a la Iglesia, con un propósito bien definido como preciso.

"A fin de capacitar al pueblo de Dios para la obra de servicio, para edificar el cuerpo de Cristo. De este modo, todos llegaremos..." Efesios 4:12,13a.

Sugiero leer todo el pasaje de Efesios 4:11-16. Siempre obtendremos una mayor comprensión de este alto propósito de Dios para su iglesia. En el caso del evangelista, su ministerio involucra dos áreas:

a) Su ministerio a los perdidos. Lo que involucra predicar a los no evangelizados, romper nuevos terrenos, preparar el terreno para los otros ministerios.

b) Su ministerio a la Iglesia. Básicamente tiene que ver con perfeccionar a los santos para el servicio. Lo que quiere decir, equipar, completar, poner en orden, arreglar, o ajustar. Hacer de alguien lo que debe ser.

Entonces vemos con claridad que la función del evangelista en la iglesia local es de enseñar y preparar a los santos para que sean efectivos en la tarea de evangelismo, ayudar a equiparlos para que sean lo que Dios quiere. Por su parte la tarea principal de la iglesia hacia el mundo es evangelizar. ¿Qué propósito de existir puede tener la iglesia si no cumple con esta tarea tan urgente?

Otra importante apreciación que debemos hacer, es que el verdadero evangelista no evangeliza a los santos. ¿Qué queremos decir con esto? Básicamente que el propósito de una reunión en la iglesia es para:

- Equipar y edificar a los santos para la obra del ministerio (evangelismo, discipulado, etc...).

- Para la celebración de los creyentes ante la presencia de Dios.

(Por supuesto, que si un incrédulo llega a la iglesia a una reunión de cristianos, Dios le puede hablar en diferentes maneras. Ver 1 Co. 14:24-25).

Vivimos en un tiempo donde Dios ha levantado grandes evangelistas en nuestro medio. Por nombrar a uno solo de ellos ¿quién no conoce o no ha oído acerca del evangelista Billy Graham? Todo el mundo cristiano conoce la trayectoria de este hombre. Sus cruzadas evangelísticas han sido el vehículo que Dios ha usado para que millares de personas en todo el mundo conozcan a Cristo. (Quién escribe estas líneas encontró a Cristo por medio de su predicación televisiva he hizo la oración de fe una noche de soledad al ver un programa, todavía en blanco y negro, en el año 1972. Nunca más estuve solo. La presencia del Señor ha sido mi fiel compañía hasta este mismo día.) Los libros y materiales educativos del ministerio de Billy Graham, han servido para la instrucción de la iglesia a través de los años y en diferentes lugares del mundo.

Otra persona que no puedo dejar de nombrar es el evangelista Carlos Annacondia. Un hombre que Dios ha levantado en estos últimos años en Argentina y en Latino América. Sus campañas se caracterizan por el respaldo a la predicación de la Palabra mediante sanidades y milagros. También muchos oprimidos por el diablo son liberados. Algo muy especial que han dejado las campañas de este evangelista es la concientización del pueblo argentino del evangelio y una mayor unidad en el cuerpo de Cristo.

La lista podría ser interminable pues Dios está usando muchos hombres alrededor del mundo ungidos para llevar el evangelio. Lo cierto es que Dios continúa levantando verdaderos evangelistas en este tiempo. Creo que se viene el tiempo de la gran cosecha. La mies es mucha y la iglesia necesita la influencia del evangelista para llevar a cabo la obra del ministerio.

8.
El Pastor

"Él mismo constituyó ... a otros, pastores".
Efesios 4:11.

Recordemos que todos estos ministerios son la provisión de Cristo para Su Cuerpo. De manera que cuando El constituyó a los diferentes ministerios, lo hizo para proveer para las diferentes y variadas necesidades en la Iglesia.

Dios, como un padre amoroso, tiene en cuenta las necesidades de Su pueblo. La necesidad del recurso divino se ve en la forma como la Biblia le llama al pueblo de Dios, *"rebaño"*, *"grey"*, *"ovejas"*, o *"corderos"* (Is. 40:11; Jer. 13:17; 1P. 5:2; Jn. 21:15; Mt. 26:31; Ez. 34).

Estos términos figurativos que se aplican a la iglesia describen ciertas características evidentes en las vidas de los creyentes.

Las ovejas no necesariamente son los animalitos más cooperativos, a veces son un tanto independientes, y no son los más nobles de las criaturas. No obstante, así describe Dios a Su iglesia. ¿A qué se debe esto? Veamos lo que podemos aprender de algunas características de las ovejas.

Algunas Características Propias de las Ovejas:

- Las ovejas necesitan un cuidado especial. De todos los animales, desde el comienzo de la creación (Génesis 4:2), parece ser que dependían de alguien más para que tuviera cuidado de ellas. Necesitan ser apacentadas (1 S. 17:20,28). Y también necesitan ser alimentadas (1 S. 17:15). La mayoría de los animales tienen el instinto de buscar agua y alimento. Parece ser que las ovejas no tienen esta habilidad. A las ovejas se les tiene que llevar el pasto.

- -Las ovejas no tienen sentido de dirección. La mayoría de los animales tienen la capacidad de regresar a su hogar sin perderse, no es precisamente el caso de las ovejas. Todos conocemos historias de animales domésticos que han quedado muchos kilómetros lejos de su casa y con el tiempo han regresado, las ovejas no pueden hacer eso. Las ovejas, además, se pierden muy fácilmente (Jer. 50:6). Por ello cuando se pierden es necesario buscarlas diligentemente (Lc. 15:4). Y por sobre todo las ovejas se descarrían si no tienen quien las guíe (ver 1R. 22:17; Sal. 119:176; Is. 53:6). Cuando se pierden tienen muchos problemas.

- -Las ovejas son totalmente indefensas. Imaginemos por un momento que ellas no tienen garras, no pueden correr, sus mandíbulas y dientes no son para defenderse.

También son susceptibles a cualquier tipo de ataque de las fieras del campo. Únicamente están seguras en los rediles y bajo el cuidado de los pastores. Si se dejan solas no sobreviven. Si los animales salvajes no se las comen, al no ser trasquiladas, de todos modos se mueren porque la lana excesiva las mata.

Bien es cierto, entonces, que las ovejas necesitan un cuidado especial. No tienen tampoco sentido natural de dirección. Son absolutamente indefensas, y tampoco saben protegerse. Así y todo, debemos ver que ¡las ovejas siempre ha sido consideradas como una posesión de gran valor!

Pues a pesar de todas esas características negativas, la oveja es considerada por el hombre, un animal en el que vale la pena invertir en su crianza y cuidado.

Debemos ver también sus cualidades muy positivas:

- -Provee alimento, carne y los derivados de la leche, como quesos y cremas, etc.

- -También provee insumos para la ropa, como por ejemplo, lana y cuero.

- -Tiene la capacidad innata de seguir la dirección del pastor (Jn. 10:4).

- -Responde naturalmente a la voz del pastor (Jn. 10:3).

- -Pude fluir o funcionar con las demás ovejas en grupo.

En realidad, Dios quiere que su pueblo manifieste estas mismas cualidades positivas, pero también sabe que solas nunca serán productivas. Es por ello que el Señor ha puesto "pastores" sobre la Iglesia para que puedan llegar a ser todo lo que Él quiere que sean.

Definiendo el término:

-poimen (pastor). Palabra griega que ocurre 18 veces en el Nuevo Testamento, y que quiere decir, "uno que alimenta, apacienta o guarda un rebaño".

Esta palabra tiene dos connotaciones primarias que tienen que ver con su historia y desarrollo etimológico:

1. La posición de pastor era una "posición de autoridad". Esto nos habla de soberanía y gobierno (2S. 5:2; Mi. 7:14). En el Antiguo Testamento, los "pastores" del pueblo de Dios tenían poder militar y político (1Cr. 11:6; Jer. 25:34-36; 50:6). Era muy común en algunas ocasiones, que a los gobernadores paganos como a Ciro, se le llamaba "pastor" (Is. 44:28; Nah. 3:18). También los Asirios y los Babilonios llamaban a sus líderes y gobernantes "pastores".

2. La posición de pastor era una "posición de servicio". Lo que quiere decir que asumían una posición e responsabilidad. Así que el pastor era responsable por el alimento o el pasto para nutrir al rebaño. En el sentido espiritual, el pastores el responsable de suplir las cosas necesarias para el bienestar espiritual de su congregación. Claro que esto involucra sacrificio y servicio. Primero porque es una tarea cuya actividad es de horario completo, es decir las 24 horas. Visitar a los enfermos, apoyar a los débiles, ministrar a quienes tienen problemas y proveer el alimento y agua necesaria para que las ovejas estén en buena salud y sean fuertes.

-poimaino (apacentar o regir). Aquí tenemos un verbo que tiene las dos implicaciones, a veces se refiere al aspecto gubernamental de la función del pastor (Mt. 2:6), habla de poder y autoridad para gobernar (Ap. 2:26-27; 12:5; 19:15). Otras

veces se usa para enfatizar el aspecto de cuidado y alimentación de este ministerio (apacienta en Lc. 17:7; pastorea en Jn. 21:16; apacentar en Hch. 20:28). El pastor cuida y guía el rebaño de Dios (pastoreará en Ap. 7:17).

-poia (proteger). Esta palabra es la raíz de término que significa, en un concepto más amplio, que el pastor debe ser alguien con la responsabilidad de cuidar y proteger a las ovejas del peligro.

Cristo, el Modelo de Pastor

Lo primero que debemos considerar, es que la iglesia es una "teocracia" donde Dios gobierna. Tan importante es esta verdad que la misma Biblia llama a Dios, nuestro Padre, como "pastor" (Gn. 49:24).

Es de tanta bendición esta verdad que repasaremos algunos aspectos:

- Él va delante de su rebaño y lo guía (Sal. 68:7).

- Lo lleva a pastos delicados (Sal. 23:1-3).

- Lo lleva a las aguas refrescantes (Sal. 23:2; Is. 40:11).

- Lo protege con su vara y su cayado (Sal. 23:4).

- Llama a las ovejas extraviadas con silbidos (Zac. 10:8).

- Reúne a las que están dispersas (Is. 56:8).

- Lleva a los corderos en Sus brazos (Is. 40:11).

- Pastorea suavemente a las recién paridas (Is. 40:11).

Cuando leemos esta manera tan bondadosa y llena de amor de nuestro Supremo Pastor, pensamos en Jesús. Y es que cuando Cristo vino a vivir en medio de la humanidad enferma y dolida a causa del pecado, vimos al Padre en acción. Él demostró el verdadero corazón de pastor que es parte de la naturaleza de Dios. Jesús vino como un patrón o modelo para aquellos que serían llamados a ser pastores del pueblo de Dios. El demostró de una manera práctica y compasiva el amor del Padre por el rebaño. Pongamos atención en lo siguiente:

-   El Señor Jesucristo nunca criticó el rebaño de Dios, sino que siempre manifestó un genuino amor y compasión por ellos (Mt. 9:36; Mr. 6:34).

-   El Señor Jesucristo estaba dispuesto a dar su vida por las ovejas (Jn. 10:11), y a poner su vida por las ovejas (Jn. 10:15).

-   El Señor Jesucristo nos mostró el valor que Dios pone sobre una sola oveja (Lc. 15:4).

Este amor perfecto del Padre se manifestó claramente en la Persona de Jesús. Él nunca vio a las ovejas como un montón de gente, sino que siempre tomaba en cuenta a los individuos. Tenía tiempo para ellos. El corazón del Padre quiere que Sus ovejas sean bien cuidadas (Jn. 21:15-17). Se preocupa por las personas individuales en todos los niveles, y ha constituido, por decirlo de alguna manera, "subpastores" para que atiendan el rebaño (Ef. 4:11-13; 1 P. 5:2). Así que Jesús es el patrón o modelo a seguir para estos subpastores:

-   -Jesús es *"el buen pastor"* (Jn. 10:11).

-   -Jesús es *"el gran pastor de las ovejas"* (He. 13:20).

- -Jesús es el *"pastor y obispo"* de nuestras almas (1 P. 2:25).

- -Jesús es *"el príncipe de los pastores"* (1 P. 5:4).

Las Cualidades de un Pastor

En la iglesia de Cristo, cualquier persona que esté en una posición de autoridad espiritual debe cumplir con los requisitos que se describen en 1 Timoteo capítulo 3. Este es un pasaje bíblico que deberá estudiarse con mucha profundidad y en oración. Quizás te preguntes ¿por qué he de invertir tiempo en ello? Simplemente porque la persona que anhele ser usada por Dios como pastor, también debe desarrollar algunas habilidades específicas, y cualidades que le equiparán para ser efectivo en esta área de servicio ministerial. Es un tema profundo por su importancia. Y porque el llamado al pastorado no debe ser tomado a la ligera. Eso podría costarnos años de fracaso y frustración. Veamos aunque más no sean algunos de estos requisitos, al menos los más importantes.

Requisitos

1. El pastor debe estar capacitado para guiar a las ovejas (Jn. 10:4). Esto es así, porque cuando uno es guía de otros, esto lleva implícito que uno ya ha transitado por ese camino. Si alguien va a guiar al pueblo de Dios, debe ser uno que ya ha caminado, ante el pueblo, en los caminos del Señor (Jn. 10:1, 9). Hay requisitos básicos para las ovejas (Hch. 2:38, 39).

Lo que queremos decir, es que si el pastor no ha experimentado las verdades básicas y fundamentales en su propia vida, no podrá conducir a otros a ellas. La siguiente escritura nos enseña lo que denominamos "el principio del labrador":

"El labrador que trabaja duro tiene derecho a recibir primero parte de la cosecha." 2 Timoteo 2:6.

Quiere decir entonces que si el pastor desea que su gente ore, él, primero, debe ser un hombre de oración. Si él quiere que los creyentes diezmen, él debe ser el primero en diezmar. Los "líderes" en la casa de Dios son líderes por ejemplo y estilo de vida primero. Este es el significado de esta enseñanza cuando nos dice: "El labrador que trabaja duro tiene derecho a recibir primero parte de la cosecha." No hay camino mejor para el éxito de un ministerio que el trabajo duro y comprometido de sus líderes.

Otros pasajes nos describen esta actitud, como un estilo de vida que las ovejas puedan seguir, por ejemplo:

"Acuérdense de sus dirigentes, que les comunicaron la palabra de Dios. Consideren cuál fue el resultado de su estilo de vida, e imiten su fe." Hebreos 13:7.

Siempre el ejemplo hablará más fuerte que nuestras palabras. En ese sentido la responsabilidad del liderazgo no es fácil. Pero contamos con la gracia de Dios. Liderazgo significa influencia. En todo debemos ser los primeros en mostrar "cómo se hace", si queremos que otros nos sigan. No hay liderazgo efectivo, sin sacrificio y consagración. En relación con lo que estamos diciendo puede leer también 1 de Pedro 5:2-3; y 1 Corintios 11:1.

2. El pastor debe tener la capacidad y preparación necesaria para alimentar al rebaño y proveer buenos pastos (Jer. 23:4; 1 P. 5:2-3; Ez. 34:1; Jer. 3:15; Hch. 20:28).

La clara enseñanza de la Biblia, es que un pastor debe tener la capacidad de proveer el alimento y el agua necesaria para nutrir, fortalecer, y edificar el pueblo de Dios (ver Sal. 23:2; Gn. 29:7)

"¿Por qué no les dan de beber a las ovejas y las llevan a pastar?"(Génesis 29:7). El pasaje nos enseña claramente que el pastor está constantemente involucrado en la preparación personal, alimentándose de la Palabra de Dios. Debe estar motivado para entregarse a la oración y al estudio serio de la Palabra (Hch. 6:4; Jer. 10:21). El alimento necesita ser fresco para dar crecimiento espiritual al rebaño. Es también importante exponerlo a los demás ministerios, para suplementar su alimento espiritual para que tengan una dieta completa (Ef. 4:11-14).

También nos hace ver, que para ser un buen alimentador de ovejas, el pastor debe tener la habilidad de comunicar y dar la palabra a los diferentes niveles en el cuerpo de Cristo (Is. 40:11, 29; Jn. 16:12-13), desde los más pequeños hasta los mayores. Un rebaño normal tendrá ovejas en todas las etapas de desarrollo. Un pastor es un líder, y como tal, es influencia para sus ovejas en todos los aspectos vitales de la vida cristiana. Por ello se dice que el líder debe ir un paso adelante de quienes dirige. Si no es así no es un líder, simplemente es otro integrante del rebaño. Por ello su estudio de la Biblia y su vida de oración nunca terminan.

3. El pastor debe tener una relación personal con las ovejas.

"Mis ovejas oyen mi voz; yo las conozco y ellas me siguen." Juan 10:27.

Es muy común escuchar el equivocado concepto, de que para ser efectivos como pastores se necesita mantener cierta "distancia ministerial" con las personas. Si esto fuese verdad, entonces tendríamos que decir también que el ministerio del Señor Jesucristo fue un fracaso.

Claro que en ocasiones, el pastor no podrá tener una relación íntima con todos, y hay muchas cosas que él nunca podrá compartir totalmente con los demás. El pastor también tiene una vida privada. Tiene su vida matrimonial, su vida familiar, su vida de hogar. Y es responsable de asegurar la provisión para todo esto. Todas estas cosas son prioridades para el pastor, según los principios bíblicos.

Sin embargo, el verdadero pastor conoce a sus ovejas - conoce sus nombres (Jn. 10:3). Desde luego, el pastor no sólo debe conocer a sus ovejas, sino que también debe permitir que las ovejas le conozcan. Debe haber una identificación con el pueblo. Sin este tipo de relación, será imposible tener un corazón compasivo, un corazón de pastor (Lc. 15:1-10).

4. El pastor debe estar dispuesto a dar su vida por las ovejas (Jn. 10:11, 15; 1 Jn. 3:16).

"Yo soy el buen pastor. El buen pastor da su vida por las ovejas... así como el Padre me conoce a mí y yo lo conozco a él, y doy mi vida por las ovejas." Juan 10: 11; 15.

"En esto conocemos lo que es el amor: en que Jesucristo entregó su vida por nosotros. Así también nosotros debemos entregar la vida por nuestros hermanos." 1 Juan 3:16.

El modelo a seguir de nuestro Señor y Maestro es demasiado claro. Aunque puede parecer muy exigente. Pero está fundado en un profundo compromiso y hacia las ovejas. El pastorado no es un empleo. ¡Es un llamado del Señor! De manera que las ovejas necesitan saber que su pastor está dispuesto a poner su vida por ellas.

Alguien dijo que: "la gente se compromete totalmente con quien esté totalmente comprometidos con ellos". ¿Qué requiere este camino de compromiso? Todo aquel que se considere llamado al pastorado deberá reflexionar acerca de las siguientes verdades, que sólo son algunas, de las muchas que deberá estar dispuesto a realizar con entrega:

- El pastor debe estar dispuesto a derramar de su vida y fuerza (Jn. 10:11).

- El pastor debe estar dispuesto a ayudar a las ovejas en sus necesidades (Jn. 10:13; Ez. 34:40).

- El pastor debe estar dispuesto a quedarse con las ovejas ante el peligro (Jn. 10:12).

- El pastor debe estar dispuesto a mantener contacto con las ovejas (Jer. 23:2).

- El pastor debe estar dispuesto a velar por la seguridad de las ovejas (He. 13:17).

Siempre teniendo en cuenta los principios de Dios para el ministerio, el verdadero pastor, pone el bienestar de sus ovejas antes que su propia vida y ministerio.

El Ministerio del Pastor

Para definir el trabajo y ministerio del pastor, es necesario que estudiemos el significado del término y las cualidades de la posición. Sin embargo, hay cuatro palabras que suman el trabajo del pastor. Estas son: buscar, vigilar, cuidar, y corregir.

1. El pastor siempre está buscando la oveja perdida (Lc. 15:4).

Muy constantemente hay ovejas que empiezan a vagar hasta que se extravían. El pastor nunca pierde la esperanza por la oveja perdida. Es por ello, que siempre está visitando, llamando y exhortando a los que descuidan su compromiso con el Señor y se desvían.

2. El pastor siempre está vigilando por aquellas cosas que podrían causar daño al rebaño (Hch. 20:28,29; Jn. 10:11-13).

Todo esto involucra estar alerta a los problemas que pudieran ocasionarse en las vidas de las ovejas, buscando las que están heridas o lastimadas. Hay que estar vigilando alertas por los lobos que pueden venir a destruir el rebaño. Se requiere tener visión, vigilar el horizonte, observando los tiempos en que vivimos. Todas estas áreas son parte del aspecto guardián del ministerio pastoral.

3. El pastor siempre está cuidando de aquellos que están en necesidad (Jn. 10:13).

La tarea es muy amplia y variada. Eso requerirá visitar a los enfermos, asegurarse de que sus necesidades físicas estén suplidas, asistir en la planificación financiera, enseñar principios de vida práctica y espiritual, dar consuelo en tiempo de luto. Una vida comprometida a alcanzar y tocar a los enfermos, a los moribundos, a los cojos, a los pobres, a la viuda y a los huérfanos - en resumen, a todos los heridos como consecuencia del pecado.

4. El pastor siempre está corrigiendo a aquellos que caminan en una forma contraria a la palabra (Sal. 23:4). Es por ello que muchas veces se granjeará algunos enemigos por enseñar la verdad. Pero esto fue así con nuestro Señor, así que ¿cuánto más a nosotros? Sufrir por servir a Cristo es un alto privilegio. No siempre se reconoce el trabajo del pastor. Pero Dios es fiel con los que le sirven.

Como también nos ilustra el Salmo 23, el pastor tiene dos herramientas. Estas son la vara y el callado. Veamos lo interesante que tienen estos términos:

- **Vara** (heb., *shebet*), un palo para castigar, escribir, gobernar, caminar, corregir y proteger.

- **Callado** (heb., *misheneth*) un palo para apoyar, sostener, alcanzar y rescatar.

Las Escrituras nos enseñan que la disciplina es la tarea más difícil para el pastor, o para un padre - en todo caso, para cualquier persona involucrada en áreas de responsabilidad. Pero, sabemos que la disciplina es necesaria para la madurez de los inmaduros. Ahora es importante recalcar que la disciplina debe ser ejercitada en amor. El pastor que no corrige, amonesta y exhorta, no es un buen padre espiritual, y no ama a las ovejas.

Debemos tener un concepto claro. Todas estas áreas deben verse en balance en la obra y ministerio del pastor. Cuando esto es así, entonces las ovejas responden entregándose al pastor en lealtad y compromiso. En otras palabras, responden reproduciéndose, y es de esta manera como el rebaño crece para bendición. En la medida en que el pastor es fiel en el cuidado de sus ovejas, Dios lo bendecirá con más ovejas (Mt. 25:21, 23).

Llamadas de Atención para los Pastores

La palabra de Dios tiene varias llamadas de atención de parte de Dios, para los pastores de sus rebaños. Él sabe que está tratando con seres humanos que tienen debilidades. Por esa razón, Dios extiende algunas llamadas de atención a los pastores con el fin de proteger a su pueblo.

1. El pastor no debe descuidar su crecimiento espiritual.

"Así que los doce reunieron a toda la comunidad de discípulos y les dijeron: «No está bien que nosotros los apóstoles descuidemos el ministerio de la palabra de Dios para servir las mesas. Hermanos, escojan de entre ustedes a siete hombres de buena reputación, llenos del Espíritu y de sabiduría, para encargarles esta responsabilidad. Así nosotros nos dedicaremos de lleno a la oración y al ministerio de la palabra." Hechos 6:2-4.

Ciertamente este es uno de los mayores peligros en nuestros días. Es fácil descuidar la relación con Dios con una agenda saturada. El pastor necesita mantener una relación íntima con el Obispo y Pastor de su alma. El pastor es un blanco para los ataques de Satanás. Si él cae, las ovejas se dispersarán. Nunca debe descuidarse el tiempo para estar en la presencia de Dios por la agitada agenda de actividades más actividades. Es vital el tiempo a solas con Dios. Allí solamente seremos guiados por el Espíritu Santo, obtendremos descanso y nos libraremos de actividades que Dios no nos ha pedido.

2. El pastor no debe motivarse por las ganancias temporales (1 P. 5:2; 1Ti. 3:3).

Notemos que cuando el Señor nos advirtió de los falsos pastores en el capítulo 10 de San Juan, es muy notable que las tres ilustraciones que utiliza tienen que ver con dinero. Él nos llama la atención para advertirnos de ladrones, salteadores, y asalariados. Analicemos estas palabras.

-Ladrón (gr., *kleptes*), se refiere a alguien que roba súbitamente, inesperadamente, "como ladrón de noche".

-Salteador (gr., *lestes*), es término significa uno que asalta abiertamente y con violencia.

-Asalariado (gr., *misthotos*), tiene que ver con uno que trabaja por paga (bueno o malo), pero no tiene interés en su deber, "no le importan las ovejas" (Jn. 10:13).

La conclusión es muy clara y certera. Si el dinero es la motivación, el ministerio terminará en desastre (ver Juan 10:1, 9 y 10; 2 P. 2:3; Jn. 10:13). Sin duda vemos con tristeza como el amor mal interpretado a las ganancias materiales muchas veces arruina ministerios y a ministros que fueron florecientes.

3. El pastor no debe utilizar el ministerio para buscar poder mundano (Ez. 34:4; 1 P. 5:3; Lc. 22:24-27).

Tristemente tenemos que observar y escuchar que en nuestros días, muchos ven el pastorado como una oportunidad para mandar y ejercer autoridad sobre otros. Tienen la necesidad de decirles a otros lo que tienen que hacer. Tenemos que saber que el pastorado es una posición de autoridad, pero a la vez es una posición de servicio. El que piense que puede tener una posición de autoridad y así tener gente que le atienda y le sirva, quedará desilusionado.

En el reino de Dios el principio es diferente a las grandes empresas de este mundo. En el reino de Dios, al que busca un lugar para servir, Dios le confiará una posición de autoridad. Este es el modelo y ejemplo de nuestro Señor Jesucristo. Y luego tenemos el ejemplo de hombres y siervos de Dios como Pedro, Pablo, Bernabé, Esteban, Felipe, etc. pues hay una lista interminable.

4. En su ministerio el pastor no debe sobre-empujar a las ovejas.

Si atendemos a la verdad de que los pastores son ordenados por Dios, entonces Él se encarga de mantenerlos en mayor revelación, entendimiento y estilo de vida. Para hacer esto, Dios les ha dado un corazón que recibe y comprende la verdad fácilmente y pueden aplicarla a sus vidas enseguida.

En ocasiones, cuando el pastor recibe un nuevo entendimiento, él quiere que los demás caminen de inmediato en la misma luz y no puede entender cuando ellas no responden. ¡El pastor debe ser paciente con sus ovejas! Debe haber llegado a la madurez de saber cómo pastorearlas. ¿Qué estoy queriendo decir? Que el pastor debe saber a qué paso llevar a sus ovejas, para que todo el rebaño pueda recibir y absorber el alimento espiritual que cada una necesita.

En realidad, no puede llevarlas más rápido de lo que su madurez les permite. De esa manera evitará que el rebaño se disperse en confusión; también que se desanimen o abandonen el camino de la verdad. En cambio verá con alegría el crecimiento de sus ovejas en todas las áreas de su vida.

Los Juicios para los Pastores Infieles

Debemos enfatizar que los pastores son ministerios constituidos por el mismo Señor Jesucristo, para que cuiden de sus preciosas ovejas. Esto quiere decir que las ovejas no son propiedad de ellos. Todas las ovejas pertenecen al Príncipe de los Pastores (Jer. 23:1-2). La verdad es que hay un solo rebaño (Jn. 10: 16). Por esta razón, los pastores tendrán que rendir cuentas al Señor por lo que han hecho con las ovejas (He. 13:17; Ez. 34:10). Si son fieles, recibirán su galardón. Si son infieles, recibirán juicios. Esto se refiere a lo siguiente:

- Dios les quitará las ovejas (Jer. 23:1-3; 10:21).

- Dios se las dará a otro pastor (Jer. 23:4).

- Dios bajará su mano de juicio sobre ellos por maltratar sus ovejas (Jer. 23:1-5; Ez. 34; Zac. 10:3; 11:17).

Si hemos leído con atención las escrituras citadas, llegamos a la importante conclusión, de que el ministerio del pastor es fundamental para la edificación y establecimiento de la iglesia de Cristo.

Creo muy conveniente terminar este capítulo con las palabras que Pablo les dijera a los ancianos de Éfeso, con motivo de su partida a Jerusalén, pero que también dejan claros algunos de los aspectos que hemos hablado. Su ejemplo, es sin duda alguna, un modelo de pastorado para seguir con verdadero entusiasmo y devoción el servicio cristiano a nuestro amado Señor.

"Tengan cuidado de sí mismos y de todo el rebaño sobre el cual el Espíritu Santo los ha puesto como obispos para pastorear la iglesia de Dios, que él adquirió con su propia sangre. Sé que después de mi partida entrarán en medio de ustedes lobos feroces que procurarán acabar con el rebaño. Aun de entre ustedes mismos se levantarán algunos que enseñarán falsedades para arrastrar a los discípulos que los sigan. Así que estén alerta. Recuerden que día y noche, durante tres años, no he dejado de amonestar con lágrimas a cada uno en particular.

Ahora los encomiendo a Dios y al mensaje de su gracia, mensaje que tiene poder para edificarlos y darles herencia entre todos los santificados. No he codiciado ni la plata ni el oro ni la ropa de nadie. Ustedes mismos saben bien que estas manos se han ocupado de mis propias necesidades y de las de mis compañeros. Con mi ejemplo les he mostrado que es preciso trabajar duro para ayudar a los necesitados, recordando las palabras del Señor Jesús: "Hay más dicha en dar que en recibir". Hechos 20: 28-35.

9.

El Maestro

"Él mismo constituyó…a otros…maestros."
Efesios 4:11.

La Biblia es muy clara al enseñarnos, que todo lo que Dios hace, lo lleva a cabo basándose sobre los principios que Él ha revelado en Su Palabra para nosotros. El creyente debe ordenar su vida según estos principios. En este sentido también hay que notar que toda iglesia también debe ser "columna y baluarte de la verdad" si es que va a poder cumplir con los propósitos de Dios en este mundo y según la parte que le toque como iglesia local; es decir, situada en un punto geográfico concreto de donde influenciara a la sociedad, como la levadura leuda la masa.

Es llamativo que todo gran mover espiritual de Dios, todo avivamiento, ha necesitado que la verdad sea proclamada directamente de las Escrituras para darle un fundamento sólido y que sea un mover perdurable en el tiempo.

En el ministerio del Señor Jesucristo vemos que la enseñanza era fundamental. No se trataba solo de dar las buenas nuevas, sino que había que instruir y hacer discípulos según Él mismo lo dejó establecido (Mt.9:35; 28:19-20).

En la "gran comisión" podemos ver un énfasis sobre la enseñanza. Para dar cumplimiento a esto, el Señor ha constituido maestros en la iglesia. El ministerio de enseñanza es muy necesario, lo repetirá luego San Pablo, con el siguiente propósito:

"...a fin de capacitar al pueblo de Dios para la obra de servicio, para edificar el cuerpo de Cristo. De este modo, todos llegaremos a la unidad de la fe y del conocimiento del Hijo de Dios, a una humanidad perfecta que se conforme a la plena estatura de Cristo." Efesios 4: 12, 13.

Es a través de un buen ministerio de enseñanza que el creyente se nutre, para luego crecer y madurar a través de la obediencia.

Definiendo los términos relacionados:

Enseñar es el proceso de tener discursos con otros con el propósito de dar instrucción. Es el proceso de explicar o exponer algo. Por lo tanto involucra infundir la doctrina en otros.

-didasko (enseñar). Dar instrucción (Mt. 4:23; 9:35).

-didaktidós (didáctico). Con la habilidad de enseñar (1 Ti. 3:2; 2Ti. 2:24: "aptos para enseñar".

-didache (doctrina). Enseñanza, instrucción, lo que es enseñado (Mt. 7:28).

-didaskalía (doctrina, enseñanza). Lo que es enseñado (Ef. 4:14).

-didáskalos (un maestro, doctor). Maestros de la verdad (Ef. 4:11). Se aplica a Cristo (Jn. 1:38).

¿Cuál es el Origen del Ministerio de Enseñanza?

En principio habremos notado, como estudiantes de la Biblia, que siempre ha habido maestros en el pueblo de Dios. Los padres tenían la responsabilidad de instruir a su familia. Los líderes del pueblo también daban instrucción. Por ejemplo, Moisés como maestro, continuamente estaba instruyéndolos en los caminos de Dios:

"A ellos los debes instruir en las leyes y en las enseñanzas de Dios, y darles a conocer la conducta que deben llevar y las obligaciones que deben cumplir." Éxodo 18:20.

Claro que el problema de Moisés era que tenía demasiado trabajo, y tuvo que aprender a delegar la tarea. El pueblo necesitó aprender los mismos principios que él utilizaba para juzgar. De esta manera ellos podrían aprender a enfrentar y arreglar sus propios asuntos. En muchos casos en las iglesias, el problema básico de los creyentes es que no saben tratar sus propios problemas porque no han recibido enseñanza. Esta escritura es un llamado claro de atención para cada uno de nosotros:

"... pues por falta de conocimiento mi pueblo ha sido destruido." Oseas 4:6.

Si echamos una mirada general al Antiguo Testamento, parece ser que después de Moisés, la responsabilidad de la enseñanza cayó sobre los sacerdotes. Los cuales se volvieron descuidados.

Después del cautiverio en Babilonia, los escribas eran los responsables de la enseñanza. Ellos como los intérpretes oficiales de la ley, eran expertos en la exposición de las Escrituras.

Fue así que la sinagoga llegó a ser el centro de aprendizaje e instrucción para el pueblo. Este no era un lugar de sacrificio, sino que era un lugar de reunión donde el pueblo podía recibir enseñanza. Cuando llegamos al tiempo del ministerio de Jesucristo, los escribas eran muy respetados y apreciados.

Jesús como el Maestro Modelo

Continuamos este tema tan apasionante, pues tiene que ver con unos de los ministerios pilares de la iglesia, ya que el fundador de la misma fue el Maestro con mayúsculas. En este aspecto, lo primero que debemos atender es que el ministerio de enseñanza está incluido como uno de los dones de Cristo. En muchos pasajes del Nuevo Testamento Jesús es llamado Maestro. Un buen ejemplo es el pasaje que nos relata la historia de Nicodemo. Este hombre era un principal entre los judíos, y en su visita a Jesús le llama Maestro *"venido de Dios"* (Jn. 3:2; 13:13).

En Su ministerio, vemos que Jesús pasaba mucho tiempo enseñando a las multitudes. (Mt. 4:25; 5:1, 2; 9:35; 11:1; 13:54; 21:23; 22:16; Mr. 10:1; Lc. 20:21) Su pasión por trasmitir Su mensaje era como un fuego en Su interior. Dondequiera que Jesús estaba, enseñaba, en las sinagogas, o en las calles. Todos los días enseñaba (Mr. 14:49; Lc. 21:37).

Algo diferente a las demás personas caracterizaba la enseñanza de Jesús - algo que atraía a las multitudes y también a cada persona que lo escuchaba.

- En Su enseñanza había poder.

- En Su enseñanza había unción.

- En Su enseñanza había autoridad.

Y esto, no era precisamente lo que tenían los maestros de su tiempo. Mateo resume de una manera extraordinaria esta realidad, no sólo desde su interpretación personal sino también por lo que decían las multitudes. Cuando Jesús terminó de decir estas cosas, las multitudes se asombraron de Su enseñanza, porque les enseñaba como quien tenía autoridad, y no como los maestros de la ley. Mateo 7:28, 29.

Creemos en la Palabra de Dios cuando afirmamos que Dios está dando esta misma enseñanza con autoridad y con unción a la iglesia en este tiempo. Él no ha cambiado en Su carácter; por lo tanto tampoco ha cambiado Su palabra respecto a la vigencia de los dones de Cristo para Su iglesia.

Claro que, cuando nos referimos a Jesús, Su enseñanza era "única". Sabemos que Su éxito no dependía del volumen de Su voz, porque la escritura nos enseña que Él no era gritón ni escandaloso para hablar (Mt.12:19). Tampoco tuvo éxito por Su manera de vestir o Su apariencia física, porque no tenemos más descripción física de Su persona en los evangelios. Lo que le dio el éxito a Cristo como maestro fue lo que Él enseñó. ¿Cuál fue el origen de Su enseñanza? Él lo expresó con Sus propias palabras de esta manera:

"... *sino que hablo conforme a lo que el Padre me ha enseñado.*" Juan 8:28b.

Este principio es lo que da éxito al ministerio de maestro, también en este tiempo. El modelo no ha cambiado. La enseñanza del Espíritu Santo es la que da vida y transforma vidas. El maestro sólo puede enseñar lo que recibe del Padre. Y para eso debe conocerlo en la intimidad de Su presencia.

Otra característica para resaltar, es que el maestro tiene que buscar la "iluminación" del Espíritu Santo. El maestro tiene que buscar la "revelación" que ya tenemos, esta no es otra que la palabra de Dios. La autoridad, unción y poder sobre la enseñanza vienen cuando se enseña lo que Dios quiere que se enseñe a la iglesia. Si no es así, no es enseñanza.

Diferentes Niveles de Maestros en el Nuevo Testamento

Es muy importante que entendamos que en la iglesia local, y en el hogar cristiano, debe haber enseñanza para todos los niveles. No puede haber ningún crecimiento sin enseñanza. Jesús es el "Maestro enseñador" y el Espíritu Santo también tiene este ministerio en relación al pueblo de Dios (Lc. 12:12; Jn. 14:26).

Si miramos con atención la cantidad de áreas que hay en una iglesia local, veremos que hay muchos involucrados en diferentes ministerios de enseñanza. Por ejemplo:

- Enseñanza a los niños, adolescentes, jóvenes y adultos.

- Las Escuelas Dominicales que abarcan todas las edades.

- Los Institutos o Seminarios Bíblicos.

- Ministerio de enseñanza para los matrimonios.

- Ministerio de enseñanzas a la familia.

En realidad podríamos agregar muchos más a esta lista. Lo anterior, son las diferentes operaciones de Dios en la iglesia local, pero no son el "ministerio de maestro", puesto este está relacionado directamente con el "don de Cristo" y es parte del Ministerio Quíntuple de Jesucristo a la Iglesia, por extensión a "Su cuerpo" en todo el mundo.

Lo cierto es que todo creyente, en cierta manera, es responsable de enseñar a otros cómo vivir la vida en Cristo (Mt. 28:20; Col. 3:16), pero eso no lo hace un maestro. También leemos que todo anciano debe ser *"apto para enseñar"* la palabra (1Ti. 3:2), pero eso no lo constituye un maestro en el "cuerpo de Cristo". Todo esto es la operación de Dios obrando para que los miembros sean enseñados.

Nos debe quedar claro para no confundirnos, que el Señor ha constituido maestros dotados en el cuerpo en una capacidad de liderazgo gubernamental espiritual para enseñar (Ef. 4:11). Pablo fue maestro antes de ser apóstol (Hch. 11:26; 2 Ti. 1:11; Hch. 18:11), y cuando no estaba involucrado en el ministerio apostólico volvía a esta función (Hch. 15:35). Sabemos que en Antioquía había otros maestros (Hch. 13:1). Así que esta es una gran responsabilidad en el cuerpo de Cristo y por esta razón los maestros tendrán que dar cuentas al Señor por sus enseñanzas. Es bueno que recordemos esta escritura:

"Hermanos míos, no pretendan muchos de ustedes ser maestros, pues, como saben, seremos juzgados con más severidad." Santiago 3:1.

El Maestro no debe Olvidar
lo que es la Esencia de su Ministerio

Casi escribo aquí como título, "El ministerio del maestro" solamente. Pero esto implica tener claro su importancia para el cuerpo de Cristo, y por lo tanto su prioridad esencial - en qué debe enfocarse quien ha recibido tan alto llamado.

La obra del maestro se resume en la definición del término. Un maestro es uno que se entrega a la exposición de la Palabra de Dios para infundir, en el pueblo de Dios, un amor y respeto por la Palabra, y llevarlos a una madurez en la fe. Examinemos algunos aspectos esenciales de este poderoso ministerio:

1. El maestro necesita continuamente prepararse y estar abierto humildemente a la enseñanza de otros (Ro. 2:21a). La vida del maestro es un ejercicio constante de estudio y preparación personal. Si no puede recibir enseñanza, entonces no es maestro. El verdadero maestro recibe enseñanza del Espíritu Santo y de otros "ministerios".

2. El maestro desea que otros lleguen a su nivel y hasta que lo superen - esa es su más grande satisfacción. El apóstol Pablo les dijo a los ancianos de la iglesia en Éfeso estas preciosas palabras:

"Ustedes saben que no he vacilado en predicarles todo lo que les fuera de provecho, sino que les he enseñado públicamente y en las casas." Hechos 20:20.

"...porque sin vacilar les he proclamado todo el propósito de Dios." Hechos 20:27.

3. El maestro debe conocer la Palabra de Dios (Mt. 12:18-27). Damos por sentado que él sabe que esta es su herramienta básica. Su trabajo es guiar a otros a un mayor entendimiento de ella. ¡Claro que no lo podrá hacer si él mismo no la conoce! ¿Qué debe saber un Maestro? Veamos:

- Debe estar preparado con el conocimiento y la pericia necesaria para dar respuestas y satisfacer dudas (Mt. 22:15-46).

- En la práctica debe saber tomar la Palabra, y aplicarla a las circunstancias de la vida (Mr. 9:29), ya que cada persona pasa por circunstancias diferentes.

- Tiene que estar preparado él mismo, para poder establecer y fundamentar a los creyentes en la Palabra, al punto de trasmitirles un deseo ardiente por conocerla y obedecerla (He. 5:12).

4. El maestro debe poder enseñar con su ejemplo. (Jn. 13:13-14). Si en su vida el maestro no vive lo que enseña, será tan inefectivo como les sucedía a los fariseos (Mt. 23:1-3). Esto era, precisamente, lo que separaba a Jesús de otros maestros de su tiempo. Él hacía y vivía lo que enseñaba a otros (Hch. 1:1). Bien es cierto que nuestros mejores mensajes se producen de lo que "somos" y no de lo que "decimos".

5. El maestro necesita siempre medir sus palabras. Es otro aspecto fundamental. ¿Por qué debe hacerlo? Simplemente, porque son el medio por el cual él comunica la verdad. Uno puede crear mundos, por así decirlo, con las palabras y también puede destruirlos. La responsabilidad de la enseñanza es demasiado grande, porque están las vidas de los creyentes de por medio. También está la vida de la iglesia de por medio.

Nunca olvidemos que la buena enseñanza edifica, produce madurez y da crecimiento espiritual a nivel personal y congregacional. Todo lo contrario sucede con la mala enseñanza que atrofia el crecimiento, produce inmadurez, y destruye la vida y la unidad.

6. El Maestro debe asegurarse que cuando enseña su mensaje:

- Esté en armonía con la voluntad de Dios.

- Encuentre su fuente en la autoridad de Dios.

- Reproduzca en sus discípulos una actitud de obediencia.

- Transmita un deseo y entusiasmo profundo de conocer bien profundamente la Biblia y sus principios esenciales para una vida de poder.

¿Cuál es el gozo o la felicidad más grande de un maestro? Su gozo es la recompensa de ver vidas transformadas por la enseñanza de la Palabra de Dios. No hay para él mayor satisfacción que ver a sus discípulos crecer en la gracia y sabiduría de Dios. Al fin y al cabo este es el propósito de toda instrucción bíblica (Dt. 4:5, 14; 31:12, 13; Stg. 1:22). El Gozo de ver que los discípulos llegan a ser "hacedores" de la Palabra en su estilo cotidiano de vida.

Acerca de las Advertencias sobre los Falsos Maestros

Es una gran bendición ver como un buen Maestro puede tener mucha influencia sobre el pueblo de Dios - maneja la Palabra de una manera convincente, marcando el rumbo para la Iglesia. Esta es una posición de gran responsabilidad y se debe tener mucho cuidado (Stg. 3:1). Es por ello que Dios da avisos y advierte a Su pueblo en cuanto a los "falsos maestros". Nos será de mucha ayuda, analizar por lo menos tres tipos de falsos maestros:

- **1. Los que enseñan falsa doctrina.**

"En el pueblo judío hubo falsos profetas, y también entre ustedes habrá falsos maestros que encubiertamente introducirán herejías destructivas, al extremo de negar al mismo Señor que los rescató. Esto les traerá una pronta destrucción." 2 Pedro 2:1. (ver también 2 Ti. 4:3).

Vivimos en tiempos en que a mucha gente le atrae "lo raro", enseñanzas "llamativas pero insólitas" sin sustento moral ni espiritual. Hay una confusión de valores; bueno, de los que quedan porque progresivamente se van perdiendo. La Biblia es intolerante con aquellos que intentan presentar como verdad cosas que no tienen fundamento bíblico. La verdadera doctrina es la totalidad de lo que la Biblia dice acerca de algún tema. No se trata de desarrollar toda una estructura de enseñanza basada sobre un pasaje oscuro o un texto tomado fuera de contexto. Muy claramente la misma Biblia nos advierte en contra de esto.

2. Los que enseñan tradiciones de hombres como doctrinas.

"En vano me adoran; sus enseñanzas no son más que reglas humanas." Marcos 7:7.

Si somos objetivos tendremos que reconocer que muchas veces nuestra cultura y desarrollo social afectan nuestra doctrina. Y esto es debido a que la herencia religiosa también tiene su efecto en nuestra estructura doctrinal. De manera que nuestra experiencia personal a veces forma nuestra estructura doctrinal.

Costumbres desarrolladas para satisfacer ciertas necesidades en la iglesia en determinados momentos llegan a ser parte de lo que se denomina "la sana doctrina". Muchas veces escuchamos cosas que al pasar los años llegamos a pensar que son bíblicas. En este aspecto la Biblia nos amonesta a seguir el ejemplo de los nobles cristianos de Berea. El autor del libro de Hechos nos da esta descripción:

"Estos eran de sentimientos más nobles que los de Tesalónica, de modo que recibieron el mensaje con toda avidez y todos los días examinaban las Escrituras para ver si era verdad lo que se les anunciaba." Hechos 17:11).

Es esta actitud abierta para estudiar seriamente las Escrituras, que nos llevará a conocer una verdad diáfana, de tal manera que ninguna enseñanza oscura de mentira podrá engañarnos. Por ello, es tan importante que el cristiano persevere en una actitud constante del estudio de la Palabra.

3. Los que enseñan con motivaciones inapropiadas (1Co. 4:15, 16).

La historia de la iglesia nos muestra como siempre ésta ha sido atacada por aquéllos que enseñan por ganancia propia.

"Llevados por la avaricia, estos maestros los explotarán a ustedes con palabras engañosas. Desde hace mucho tiempo su condenación está preparada y su destrucción los acecha." 2 Pedro 2:3.

La Biblia parece implicar que estos maestros a veces aparentan enseñar la verdad, pero estos supuestos maestros no tendrán escrúpulos en enseñar una mentira, si fuera de alguna ganancia para ellos. Engañan familias enteras, y hasta congregaciones también. Ellos buscan seguidores a cualquier precio. Lo importante es ser muy cuidadosos con ministerios de dudoso origen que operan fuera de los controles y balances de otros ministerios y de la iglesia local.

Sin duda alguna, los maestros son necesarios en el cuerpo de Cristo por la bendición que ministran. Nos ayudan a permanecer en el camino justo, a vivir en el balance de la Palabra (Is. 30:20-21). Ellos dan fundamento a los creyentes, los arraigan en los principios de Dios y traen claridad a la sana doctrina. Convengamos entonces que su tarea es difícil y de gran responsabilidad.

Para finalizar

Cuando Jesús ascendió *"a lo alto"*, nos dice el relato bíblico, *"dio dones a los hombres"*. Los dones que dio a los hombres fueron los ministerios gubernamentales para la iglesia. De manera que cada ministerio tiene su lugar especial en el cuerpo de Cristo. Son, entonces, la plenitud manifiesta de Cristo. La iglesia no sería lo que tiene que ser sin ellos. ¡Todos son necesarios! Porque cada uno añade una dimensión y suple un énfasis que los demás no tienen.

Podemos enunciarlo de esta manera:

- El apóstol, es necesario para gobernar.

- El profeta, es necesario para guiar.

- El evangelista, es necesario para recoger.

- El pastor, es necesario para guardar.

- El maestro, es necesario para fundamentar.

Todos ellos realizan esta labor para que el cuerpo de Cristo crezca en toda su dimensión.

Luego de lo que hemos desarrollado seguramente podemos ver con nuevos ojos la visión que nuestro Señor tiene para Su iglesia. Una iglesia donde se manifiesta la plenitud de Cristo en todo su alcance. Así el supremo ideal para la iglesia se hará realidad en cada congregación local. Los cinco ministerios trabajando e interactuando en el poder del Espíritu Santo realizan esta labor para que el cuerpo de Cristo crezca en toda su potencial.

Amado lector, que el Señor, que te ha llamado, te llene de Su gozo mientras ejerces el ministerio que te ha confiado; que la visión que nos ha dado el divino Maestro te cautive. Cada día será sorprendente y lleno de expectativa, sin apartar tus ojos de este cuadro que conforma el propósito sublime de Cristo para su iglesia:

"...a fin de capacitar al pueblo de Dios para la obra de servicio, para edificar el cuerpo de Cristo. De este modo, todos llegaremos a la unidad de la fe y del conocimiento del Hijo de Dios, a una humanidad perfecta que se conforme a la plena estatura de Cristo." Efesios 4:12, 13.

*****

Estimado Lector:

Nos interesan mucho tus comentarios y opiniones sobre esta obra. Por favor ayúdanos comentando sobre este libro. Puedes hacerlo dejando una reseña en la tienda donde lo has adquirido.

Puede también escribirnos por correo electrónico a la dirección **info@editorialimagen.com**

Si deseas más libros como éste puedes visitar el sitio web de **Editorialimagen.com** para ver los nuevos títulos disponibles y aprovechar los descuentos y precios especiales que publicamos cada semana.

Allí mismo puedes contactarnos directamente si tienes dudas, preguntas o cualquier sugerencia. ¡Esperamos saber de ti!

Más Libros del Autor

Liderazgo Cristiano - Herramientas esenciales para el líder de hoy

Un estudio de la primera carta a Timoteo. El apóstol Pablo escribió sobre Pastores, a quienes se les recuerdan sus deberes y manera de conducirse como siervos de Dios.

Doctrina Cristiana Básica – lo que todo cristiano debe saber

Este libro da nociones claras y conocimientos básicos de la doctrina cristiana, algo primordial para todo creyente, ya que lo que creemos influencia la forma en que vivimos, y cada creyente debe saber claramente lo que cree.

Alabanza y Adoración - Cómo adorar a Dios Según la Biblia

Bases bíblicas para poder adorar a Dios. El propósito del libro es llevar a los lectores a un nivel de relación con Dios más profundo a través de la alabanza y la sincera adoración.

¿Podemos Confiar en la Biblia? - Respuestas a las más inquietantes preguntas sobre la Biblia

¿Cómo llegamos a tener definitivamente la Biblia tal cual la poseemos hoy? ¿Es posible que tantos autores no se contradigan entre ellos? ¿Cuántas Biblias hay? ¿Es la Biblia inspirada por Dios?, etc.

Cómo Hablar con Dios - Aprendiendo a orar, paso a paso

A veces complicamos algo que nuestro Señor quiere que sea sencillo, es por esto que en este libro podrás encontrar las respuestas a las preguntas: ¿Cómo debo orar? ¿Qué me garantiza que Dios me va a responder?

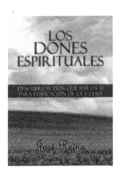

Los Dones Espirituales - Descubre el don que hay en ti para edificación de la Iglesia

El objetivo de los dones, según el Nuevo Testamento, es el crecimiento de la iglesia "en todo" (Ef. 4:15), como "un cuerpo" que se va edificando con la ayuda mutua de cada miembro, en el ejercicio de sus dones.

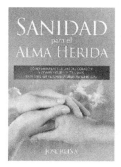

Sanidad para el Alma Herida - Cómo sanar las heridas del corazón y confrontar los traumas para obtener verdadera libertad spiritual

Este es un libro teórico y práctico sobre sanidad interior. La enseñanza motiva la búsqueda de la sanidad para las mentes y espíritus de las almas sufridas y atormentadas.

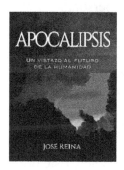

Apocalipsis - Un vistazo al futuro de la humanidad

¿Qué pasará con la humanidad? ¿Será destruido el planeta tierra? No hay dudas que nuestro planeta sufre los peores momentos. Surgen las preguntas: ¿Hacia dónde se encamina la humanidad? ¿Tiene su historia un propósito? ¿Dónde encontrar respuestas?

Espíritu Santo, ¡Sopla En Mí! - Aprendiendo los secretos para un vida de poder espiritual

¿Realmente queremos vivir una experiencia que revolucione nuestro presente, que haga la diferencia entre la muerte y la vida espiritual? De eso trata este libro:te guiará a

Más Libros de Interés

Ángeles en la Tierra - Historias reales de personas que han tenido experiencias sobrenaturales con un ángel

Los ángeles son tan reales y la mayoría de las personas han tenido por lo menos una experiencia sobrenatural o inexplicable. En este libro comparto mi experiencia, como así también la de muchas otras personas.

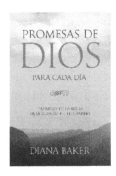

Promesas de Dios para Cada Día - Promesas de la Biblia para guiarte en tu necesidad

La Biblia está llena de las promesas y bendiciones de nuestro Padre Dios. Este libro te ayudará a conocerlos y te fortalecerán en tu fe. Las promesas están compilados según el tema.

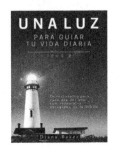

Una Luz para Guiar tu Vida – Un devocional bíblico para cada día del año

Una recopilación de versículos bíblicos según un tema. Este libro contiene solamente la Palabra de Dios, por eso, sin lugar a duda, bendecirá tu vida cada día.

Conociendo más a la Persona del Espíritu Santo - Todo cambia después de que el Espíritu lleva el timón.
La llenura del Espíritu Santo es una experiencia grandiosa. Que estas páginas te inspiren para iniciar tu propia búsqueda y que tengas la mayor aventura con nuestro Dios quien no tiene límites.

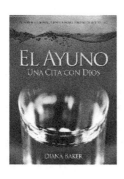

El Ayuno - una Cita con Dios.

Si buscas una unción especial para tu ministerio, tal vez el ayuno es la respuesta que necesitas. Aparte del enfoque espiritual también se describen los beneficios físicos, las diferentes maneras de ayunar, cómo romper un ayuno y otra información práctica.

Perlas de Sabiduría – Un devocional - 60 días descubriendo verdades en la Palabra de Dios
Las revelaciones de Dios son como perlas de gran valor que están escondidos hasta ser descubiertos. Dios se place en revelarnos Sus secretos. Descubra algunos de estos secretos de gran valor.

Gracia para Vivir - Descubre cómo vivir la vida cristiana y ser parte de los planes de Dios

Martin Field, nos comparte sobre la gracia que proviene de Dios. La misma gracia que trae salvación también nos enseña cómo vivir mientras esperamos la venida de Jesús.

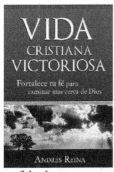

Vida Cristiana Victoriosa - Fortalece tu fe para caminar más cerca de Dios

Descubre cómo vivir la vida victoriosa, Cómo ser amigo de Dios y ganarse Su favor, Cómo te ve Dios, Cómo ser un guerrero de Dios, La grandeza de nuestro Dios, La verdadera adoración, Cómo vencer la tentación y Por qué Dios permite el sufrimiento, entre muchos otros temas.

*****

-

Made in the USA
Monee, IL
25 July 2022

10293655R00075